베테랑 영어학원 원장의
20년 노하우

—

학원 경영,
당신을 사게 하라

학원 경영, 당신을 사게 하라

초판인쇄	2020년 07월 14일
초판발행	2020년 07월 20일
재판발행	2023년 11월 30일

지은이	김민선
발행인	조현수
펴낸곳	도서출판 프로방스
마케팅	최문섭
IT 마케팅	조용재
디자인 디렉터	오종국 Design CREO

ADD	경기도 파주시 초롱꽃로17 305동 205호
	경기도 파주시 산남동 693-1 1동
전화	031-942-5364, 031-942-5366
팩스	031-942-5368
이메일	provence70@naver.com
등록번호	제2016-000126호
등록	2016년 06월 23일
ISBN	979-11-6480-066-7 03320

정가 16,800원

베테랑 영어학원 원장의
20년 노하우
—

학원 경영,
당신을 사게 하라

김민선 지음

프로방스

"학원 경영의 매력이 무엇이길래 지금까지 사랑에 빠져 있는 것일까"

학원인 난중일기 : 2020년은 어떻게 기억될까

들떠 있었다. 좋은 일이 있으리라 믿어 의심치 않았다. 목표를 세웠고 성취하리라 주먹을 불끈 쥐었다. 2020년이 시작되기 전 우리들의 모습이었다. 2020이라는 숫자가 주는 경쾌한 느낌에 매료되었다. 학원 경영 20년이 된 내게는 더 애착이 가는 해였고 영어 프랜차이즈 회사 설립을 구체화시키기로 다짐을 거듭했다.

막상 새해가 시작되자 우리를 기다리고 있던 것은 '코로나19'라는 신종 바이러스였다. 학원을 운영하면서 네 번의 전염병(신종플루, 사스, 메르스, 코로나)을 겪었지만 이번 사태가 가장 심각하다. 개학이 수차례 연기되면서 결국에 온라인 개학이라는 초유의 사태가 벌어졌다. 눈과 귀로 많이 접하는 단어는 '사회적 거리두기', '기침예절',

'코로나 예방수칙' 등이다. 재난 영화에서나 봤음직한 장면이 현실에 등장했다. 혼란의 시기가 길어지며 학원 운영자 및 자영업자들의 시름이 깊어졌다. 어린 학생들을 대상으로 하는 학원이기에 규제가 엄격했고 강력 휴원 권고 방침이 연이어 내려졌다. 학원인의 심장에는 타이타닉호도 가라앉힐 무거운 추가 매달려 있다. 이 위태로운 시기를 이겨 낼 수 있는 힘은 학원 경영의 기쁨과 학원 창업의 뿌리 깊은 동기에 있다.

학원 경영의 기쁨

학원인으로서 '성공'의 척도가 으리으리한 인테리어와 수천 명의 학생 수를 말한다면 나는 성공을 말할 수 없다. 아직은. 그 기준이 '좋아하는 일을 하며 사는 것이 얼마나 행복한가?'에 대한 것이라면 나는 누구보다 성공했다. '강한 자가 살아남는 것이 아니라 살아남는 자가 강하다.' 언뜻 말장난 같은 이 말이 20년 학원 운영을 해 온 나에겐 큰 의미를 준다. 할 것 없어 마지못해 버틴 것이 아니다. 힘 듦보다 기쁨이 더 커서 살아남았다. 아침에 눈을 뜰 때마다 하고 싶은 것이 한 가지씩 늘어났다. 꿈 많은 흙수저는 남들보다 모험을 즐길 줄 알아야 하더라. 많은 역경을 겪을 테니까. 어떻게든 스스로 헤쳐 나가야 하니까.

'길바닥에 나앉아도 좋으니 꼭 학원을 차릴 거야.'

하고 싶다는 이유 하나로 월세 보증금까지 탈탈 털어 시작했다. 열 손가락이 짓무르도록 전단지를 접었다. 수업 마치고 야밤에 누가 볼까 집집마다 우편함에 급히 넣느라 발이 접질려 넘어지길 수차례. 전봇대의 전단지가 무사한가 걱정되어 잠 못 자고 새벽같이 일어나 잘 붙어 있는 것을 보고서야 두어 시간 눈을 붙일 수 있었다. 20대의 순수했던 열정만 그득했다면 20년 동안 지속할 수 없었다. 학원 경영의 매력이 무엇이길래 지금까지 사랑에 빠져 있는 것일까. 앞으로도 이십 년은 더 함께 하고 싶은 것일까.

첫째, 학원 운영의 가장 큰 묘미는 끊임없이 일어나는 '배움의 선순환'이다. 학생들이 꿈과 목표를 이룰 수 있게 도와주는 일은 보람차다. 씨앗이 자라는데 필요한 토양, 물, 비료를 먼저 공부해서 가장 좋은 것을 주고 싶다. 새싹이 나고 열매를 맺기까지 기다리고 보살펴 주는 과정에서 원장, 강사, 학생이 서로 배우고 성장한다. 몰랐던 것을 알았을 때의 그 느낌이 얼마나 짜릿한지 우리 모두 알고 있다.

나는 그 끊을 수 없는 강렬한 맛을 매일 맛본다. 왜 다른 데 한눈팔겠는가? 너무 좋은데.

둘째, 사계절이 뚜렷하듯 학원의 일 년은 매 달마다 업무적 특징이 있어 역동적이다. 내신 대비, 모의고사, 두 번의 신학기와 방학, 철철이 행사 준비로 스무 해 동안 지겨워서 시계를 본 적 없다면 믿을 수 있을까. 다이내믹한 업무를 처리하는 만큼 성취감도 크다. 새벽시장의 활기처럼 팔딱팔딱 살아 숨 쉬는 활어 같은 일터가 바로 학원이다.

셋째, 먹고 먹히는 살벌한 경쟁 사회에서 순도 100프로의 동심을 만날 수 있다. 갖가지 트러블로 날이 서 있다가도 여덟 살 아이가 건넨 '선생님 사랑해요.' 쪽지를 보며 미소 지을 수 있다.

넷째, 유치원생부터 육십 대까지 다양한 연령대의 사람들과 지속적으로 교류할 수 있다. 10대 전후 학생, 20~50대 강사, 30~50대 학부모, 20~60대 학원 사업자들과 소통한다. 연령대 상관없이 대화를 편히 즐길 수 있는 것은 이런 환경과 관련이 깊다.

마지막으로, 학원 경영은 교육 전문가로서의 보람, 사업가로서의 도전과 성취 그리고 자기 계발의 원동력을 제공해 주는 매력적인 일이다. 내 개성을 살려 일할 수 있고 노력한 만큼 벌 수 있다. 창업과 은퇴 시기도 내가 정할 수 있는 평생 직업이다. 학령인구 감소와 인공지능 시대 도래로 우려의 목소리도 있지만 세분화, 전문화된 1인 학원 형태의 성장은 지속될 것이다. 창업자의 주연령대는 3040이지만 2060까지 넓게 분포되어 있고 50대 창업자도 증가 추세이다. 신중년 고학력 세대의 창업은 더욱 활발해질 것이다.

중학생 소녀가 '경영'과 '영어 티칭'에 매료된 사연

'내 인생 내가 경영할 거야. 남에게 휘둘리고 싶지 않아.'

6학년 가을, 집이 한순간에 사라졌다. 사춘기를 겪으며 '경영'이라는 것에 점점 빠져 들었고 그것은 내 인생철학이 되었다. 가족과 헤어져 살다 중1 때 부산으로 전학을 갔다. 말씨가 다르다는 이유로 구경거리가 되었다. 급격한 환경 변화로 실어증에 걸린 듯 말을 하지 않았다. '서울내기'에 이어 '벙어리'라는 별명 하나가 추가되었다. 수업 중에 갑자기 눈물을 쏟았다. 그걸 본 친구의 손에 이끌려

교회를 다녔다. 일요일에 예배를 마치면 점심으로 라면이나 국수를 주셨는데, 처음엔 그래서 다녔다. 반찬 없는 밥을 한 끼만 먹을 수 있었던 내게 '그때의 그 라면'이 지금까지 세상에서 제일 맛있는 음식이다. 그곳에는 가정집에 있을 법한 3평 남짓의 방이 있었다. 공부하고 있으면 미닫이문이 살포시 열렸다. 집사님과 대학생 오빠들이 여름엔 아이스크림, 겨울엔 붕어빵을 슬쩍 건넸다. 집이 싫어 방황하던 10대 소녀에게 피아노, 아늑한 공부방, 라면 그리고 다정한 사람들이 있는 작은 개척교회는 천국이었다.

교회 옆에 고아원이 나란히 있었다. 방과 후 항상 교회에 갔고 그곳 아이들과도 친해졌다. 마당에서 함께 어울려 땅따먹기, 고무줄놀이를 했다. 교회 반주 연습을 하느라 피아노를 종종 쳤다. 그럴 때면 피아노 키 높이 보다 자그마한 그 아이들이 오밀조밀 딱 옆에 붙어서서 나를 바라보았다. '언니, 나도 해 볼래.' 이 한마디에 나는 꼬마들의 피아노와 영어 선생님이 되었다. 그때 난생처음 신기한 경험을 했다. 마음의 병을 앓던 내가 해맑고 천방지축 같던 천성을 찾아갔다. 꼬마들이 젓가락 행진곡을 치고 알파벳을 쓰며 성장하는 모습에 나도 꿈을 키웠다. 중학생 소녀에게 배움을 나누는 것은 곧 치유였다. 함께 행복을 엮을 수 있는 단단한 끈이었다. 내 인생 내가 개척해 가며 가르치는 일을 통해 아는 지식을 나누며 평생 살겠다고 다짐했다. 이것이 중학교 시절부터 지금까지 변함없이 가지고 있는 내 인생 신조(credo)이다. 가장 마음 아픈 시절에 인생의 방향을 찾았다.

누군가에게 학원은 그저 스쳐 지나갈 수 있고 힘들면 언제든지 그만둘 수 있는 직업일지도 모른다. 하지만 나에게 학원은 내 정체성이다. 번쩍거리는 배경 없고 받을 유산은 더더욱 없는 평범한 개인이 학원 경영을 통해 인생을 배워 가고 있다. 모난 원석이었던 인격체가 한 배에 탄 사람들과 함께 하며 보석이 되어 가고 있다.

나도 그런 적이 있어요, 당신 마음 알아요

Been there, done that! '거기 있어봤고, 그거 해봤어!'

다양한 상황에서 다양한 의미로 쓰이는 표현이다. 나는 '공감' 과 '위로' 를 위해 이 말을 꺼내어 본다. 책 내용 대부분은 창업초기부터 10년 차 무렵까지의 일이다. 학원하면서 겪을 수 있는 건물주, 학부모, 강사, 학생 문제를 기록했다. 같은 길을 걸었던 분들께는 '공감' 과 '위로' 를, 준비하시는 분들께는 '노하우' 를 전해 드리려 한다.

올해 2월에 글을 쓰기 시작했다. 책을 출간할 무렵에는 코로나가 잠잠해 질 줄 알았지만 여전히 진행형이다. 책을 쓰는 몇 달 동안 혼란스러운 마음을 다잡으며 옛 기억을 떠올렸다. 잠자고 있던 아픈 순간을 마주할 때는 화들짝 놀랐다. 그러다 학생들과 함께 했던 이쁜 추억을 만나면 환하게 미소지었다. 지나고 보니 힘들기만 한 과거는 없었다. 지금 이 순간도 과거로 남는다. 미래의 어느 날 2020년을 돌이켜 봤을 때 '그래도 그때 우리 참 잘 해냈어.' 라고 말하고 싶다.

Let bygones be bygones and let's make thorough preparations!

(지나간 일은 그대로 두고 우리 함께 미래를 준비해요!)

2020년 봄날

다시 태어나도 학원인, 김민선

Contents | **차례**

PART
01

학원 경영의 시작

학생들의 입에서
학원의 긍정적인 변화가 나올 수 있게
성의를 다하는 것이
학원 성장의 핵심이다.

01

나의 꿈

내 별명 '서울내기'

"야!! 서울내기, 서울말 좀 해봐!!"

중학교 운동장 전체 조례가 있는 날, 짓궂은 여학생 대여섯 명이 나를 둘러싸며 원숭이 구경하듯 내뱉었다. 교장선생님 이하 선생님들이 등장하시면 아무 일 없던 듯 키득거리며 자기 자리로 순간 이동했다. 중1이었던 나는 벙어리인 것처럼 말수가 점점 없어졌고 얼굴은 무표정했다. 수업 도중 사회과부도 속 서울지도를 보자 쌓였던 서러움이 활화산의 용암처럼 터져 나왔다. 엎드려 폭포수처럼 눈물을 쏟았다. 그날 이후 괴롭히던 학생들이 이상하리만큼 친절해졌다. 말없고 얌전한 전학생의 그 울음 속에서 뭔가를 느낀 것일까.

"쟤네 집이 망해서 부산으로 도망 온 거래."

다리도 못 펼 정도로 작은 여관방 한 칸에서 부모님과 세 자매가 지냈다. 직사각형 성냥갑 같았던 그 방에 우리는 다닥다닥 붙은 성냥개비처럼 빈틈없이 일렬로 누워 잤다. 왜 그렇게 살아야 하는지 우리 집이 어떤 상황인지 몰랐던 때라 며칠만 그리 사는 거라 생각했다. 개구쟁이였던 나는 처음 며칠은 그런 생활이 신기하고 재밌었다. 나는 얼마나 철딱서니가 없었는지 친척 한 분이 우리 모습을 보고 눈시울이 붉어지셨는데도 '왜 저러시지?' 생각했다. 우리 가족은 다시 뿔뿔이 흩어졌다. 그 후로 30년이 흘렀지만 온 가족이 다 같이 산 날들이 손에 꼽는다. 가족사진 한 장이 없다. 나는 서울 이모 집에 살다 중1 때 부산으로 전학 가서 처음 보는 친척집에서 살았다. 부산에 가면 사진으로만 보던 바다가 있을 거라 하셨다. 바다는 호기심 천국인 소녀의 마음을 부풀게 했지만, 현실은 달랐다. 동화 속 소공녀는 바로 내 이야기였다.

"맞나? 알겠나? 서울내기 뭐하는데?"

따지는 듯 드센 말투와 롤러코스터 같이 굴곡 확실한 억양. 부산 사투리에 익숙해 갈 즈음 전교에서 유일하게 표준말을 쓰는 두 사람, 중3이었던 언니와 나는 영어와 한문에서 눈에 띄는 성적을 얻으며 미운 오리 새끼에서 백조가 되었다.

천방지축 꼬마, 천자문 앞에 인간 꽈배기 되다

언니와 여동생과 달리 둘째 딸인 나는 말괄량이에 홍길동 기질이 다분했다. 온 동네를 휘저으며 자전거를 타고 땅따먹기, 구슬치기, 제기차기, 콩콩, 롤러스케이트 등 못하는 게 없었다. 뒷동산에 올라 솔방울을 주우러 다녔다. 해 지기 전에는 들어오지 않았다.

"딸 부잣집에 아들로 태어났어야 하는데..."
공주처럼 예쁜 옷 입히고 조신하게 키우고 싶으셨던 엄마의 걱정은 하늘을 찔렀다. 엄마가 서예를 하셨는데 언니와 나는 4살 무렵부터 천자문을 시작했고 초등시절 내내 필사를 했다. 책상 앞에만 앉으면 인간 꽈배기가 되었다. 천자문 공부하던 내 모습이었다. 밖으로만 도는 내게 한문교육을 엄하게 시키셨고 한 치의 양보도 없으셨다. 그날 할 것을 다 해야 책상을 벗어 날 수 있었다.

영어와 만나다

영재였던 언니는 초등 저학년 때부터 영어, 중국어를 했는데 해외 출장이 잦았던 아빠는 미국, 중국 아이들과 펜팔을 만들어 주셨다. 집에선 언니가 듣는 영어 카세트테이프가 흘러나왔다. 알파벳을 중학교 입학과 동시에 배웠던 시절이었으니 꽤나 이른 조기교육이었다. 공부엔 흥! 하던 내겐 다행히 한자 외엔 강요하지 않으셨다. 중1 때 알파벳을 처음 배웠는데 흡수력이 2배속으로 빨랐다. 언니 어깨 너머로 보고 들은 영어가 나도 모르게 쌓인 게다. 학원 하면서 알았다. 부모님의 지대한 관심과 기대를 받고 영어 공부한 첫째보다 자유롭게 놀며 배운 둘째가 더 잘할 수도 있다는 것을. 아버지는 출장에서 돌아오실 때마다 그 나라 선물을 한 보따리 사 오셨다. 지구본이랑 세계지도를 보며 '아빠 지금 어디 있지?' 손가락 짚어 가며 계신 곳의 나라를 찾아보았다. 한 아름 안겨 주신 선물을 보며 '눈동자 깜빡이는 마로니 인형은 이 나라에서 온 공주야!' 하며 또 뚫어져라 봤다. 선물상자에 그득 쓰인 영어며 꼬부랑 지렁이 같은 글자들이 낯설었지만 호기심을 자극하기엔 충분했다. 영어와 외국어를 좋아하게 된 계기가 되었다. 말괄량이 어린 소녀의 마음이 단풍잎 물들어 가듯 각양각색 영어 잎으로 물들어 갔다.

'영어를 알면 저 너머 세상을 알 수 있어!'

그땐 몰랐다. 부모님의 교육이 어려운 일이 있을 때마다 나를 지탱해 줄 거라고는. 하루 한 끼, 물에 말은 보리밥이 전부였던 서울내기 소녀를 지탱해 준 것은 교육의 힘이었다.

이방인에서 주인공으로

표준말 구사, 정확한 영어 발음, 스펀지가 물을 빨아들이듯 영어 배움 속도가 빨랐던 나는 영어 선생님들의 관심의 대상이었다. 놀림 받던 서울내기가 부러움의 대상이 된 것이다. 수업시간에 발표학생을 지적하실 때 내가 호명되지 않으면 실망할 정도로 영어를 좋아했다. 한문 선생님은 말할 것도 없었다. 한문은 배점이 적어서 존재감이 약했다. 학생들은 꾸벅꾸벅 졸고 '한문은 그냥 찍자!' 이런 분위기였다. 초롱초롱한 눈으로 본인 과목에 만점을 연이어 받으니 나만 보시면 싱글벙글하셨다. 중고등 시절, 한문은 피겨스케이트계의 김연아 선수였고, 대학에선 교양과목에 쓰여진 빽빽한 한자를 척척 읽어 공자로 빙의되었다. 부모님은 힘든 시기를 이겨낼 수 있는 습관의 힘을 어린 시절 한문교육을 통해 심어 주신 것이다.

학교 축제 기간 중, 책 작품 발표회가 있었다. 제목 짓기, 표지 만들기, 문예집 만들기 등이었다. 국어 글쓰기를 해 본 적은 없는데, 한문 읽고 쓰기를 4세부터 12세까지 엄마의 불호령 아래 해서인지 글쓰기가 편안했다. 세 부분 모두 상을 받았다. 부산에서 보낸 사춘기 절정이었던 그 시절, 글쓰기는 놀이이자 안식처였다. 쓰는 순간엔 현실을 잊고 상상의 나래를 펼 칠 수 있어 맘이 편하고 행복했다. 산만한 내가 다섯 시간 이상 집중해서 할 수 있는 유일한 행동이었다. 진지하게, 장난스럽게, 평범하게, 시시하게 내가 쓰고 싶은 대로 쓸 수 있으니 얼마나 좋은가! 나 혼자서 얼마든지 놀 수 있고! 돈도 안 들고!

영어, 한문은 서울말 쓴다고 놀림받던 중학교 소녀에게 자존감과 정체성을 찾아 준 고마운 매개체였다. 깜깜한 어둠 속 드넓은 바다에서 헤매는 내게 등대 같은 존재요, 부모님 대신 의지할 수 있는 대상이었다. 그래서 중학교 때부터 꿈이 영어학원 창업과 작가였다. 어릴 적에 친척들이 우리 세 자매를 보시면 늘 말씀하셨다.

"첫째는 교수나 학자, 둘째는 사업가, 셋째는 의료인이 될 거야!"

우리 세 자매 모두 그 길을 가고 있다. '어른들은 꼬맹이 때 모습을 보고 어떻게 미래의 모습을 아실까?' 학원을 하기 전에는 이해되지 않았었다. 이제는 안다. 초등 저학년을 봐도 대학에서 어떤 전공을 할지 어떤 직업을 가지게 될지 눈에 보인다. 내 학생들을 통해 어릴 적 꿈을 늘 가슴에 품고 살 수 있다. 나도 그 아이들이 꿈을 이룰 수 있도록 길잡이가 되어 주고 싶다.

02

사업의 시작

대학 내내 열아홉 가지의 일을 하며 사업자금을 마련하다

하고 싶고 먹고 싶은 것이 있으면 내 손으로 직접 벌어 해결해야 한다는 건 중학교 때 일찌감치 터득했다. 대학 내내 열아홉 가지(기억나는 것만) 아르바이트를 했다. 돈이 필요했지만 일하는 것이 즐거웠다. 사소해도 모르는 것을 알아 가는 과정이 재미났다. 사장님들이 매장을 아예 나에게 맡기시곤 했는데 직접 운영하실 때보다 매출이 늘었다. 대부분 1~3개월의 단기 근무였지만 내 일처럼 정성을 다해 재미나게 했다. 다양한 경험을 하고 싶었던 나는 업종 상관없이 기간과 시간이 맞으면 지원했다.

1학년: 구청 지적과(전화, 서류접수), 수제 햄버거, 분식집

2학년: 커피숍, 선물의 집, 치킨 호프, 닭갈비, 제과점

3학년: 부동산, 중소기업 박람회, 자동차 대리점, 볼링장, 골뱅이 전문점

4학년: 신문사, 과외, 눈높이 사무실, 과외, 생수 대리점, 무역 사무실

"너는 자기 사업을 하겠구나!"

"너는 이게 그렇게 재밌니?"

사장님과 직원들이 늘 하시던 말씀이셨다. 물건 정리, 판매, 전화 받기, 라면 끓이기 등 단순 업무였지만 내게는 재밌는 놀이였다. '선물의 집'에는 크게 두 가지 상품이 있었는데 학생 고객을 위한 문구류와 성인을 위한 선물류였다. 비싸서 잘 나가지 않는 품목이 향수였고 남자 사장님도 향수에 대해선 전혀 지식이 없으셨다. 호기심에 설명서를 읽으며 향수의 특징에 대해 공부했다. 어떤 꽃잎으로 추출한 것인지 어떤 의미를 가지고 있는지. 드디어 실력 발휘할 기회가 왔다. 며칠 뒤 30대 중반 즈음의 남자 손님이 여자 친구에게 선물하고 싶다고 추천해 달라 하셨다. 근사한 양복을 차려입고 오신 손님에게 향수를 권해 드리며 설명도 곁들였다. 흡족해하시며 사 가시는 모습을 보고 뿌듯했고 그 뒤로 이상하리만큼 향수 손님들이 늘었다. 물건에 대해 공부하니까 자신감이 생기고 손님께 딱 알맞은 선물을 권해 드릴 수 있는 것 자체가 큰 기쁨이었다.

집 도보 5분 거리에 눈높이 사무실이 있었다. 학과 사무실로 아르바이트 문의가 들어왔고 근거리 거주자 우대여서 일하게 되었다. 선생님들이 가지고 나가실 교재를 준비해 드리는 일을 했다. 과목별, 일자별로 분류해서 스테이플러로 찍어 드렸다. 그러다 상을 당하셔서 못 나오게 되신 선생님 대신 일주일간 수업을 나가게 되었다. 어릴 적 별명 중 하나가 홍길동이었을 정도로 걸음걸이도 빨랐고 돌아다니는 걸 좋아했다. 지금까지도 스트레스받거나 우울하면 좋아하는 음악을 들으며 걷거나 조깅을 한다.

'세상에 이렇게 신나는 일이 다 있네!'

비록 하루만 만나는 학생들이었고 시간도 10분 남짓 짧았지만 손짓 발짓까지 동원하며 재미있게 수업했다. 그때 만난 어머님과 학생들이 내 안부를 물으며 칭찬을 많이 하셨다고 한다. 영어학원 창업을 진지하게 구체화하는 계기가 되었다. 그때는 3학년부터 서서히 취업 워밍업을 시작해서 4학년부터 본격적으로 공무원 시험이나 기업체 입사 준비를 하는 게 일반적이었다. 나는 기업체 취업도 공무원 시험도 전혀 관심이 없었다. 도서관에 좀처럼 보이지 않는 내게 친구들은 '너 갑부 집 딸이냐?' 묻곤 했다.

첫 상가 계약을 한 날, 온 세상이 내 것 같았다

"사장님, 제가 학원을 차리려는데 돈이 부족합니다. 보증금 다 빼고 월세를 올리면 안 될까요?"

집주인에게 어렵게 입을 뗐다. 단기 원룸도 아닌데 보증금 0원에 집을 내어 줄 분이 계실까? 고민에 고민을 거듭하다 '안 되면 더 싼 곳으로 옮겨야지.' 하는 마음이었다. 집주인께서는 1년 넘게 월세를 단 한 번도 늦게 내지 않은 나를 믿어 주시고 그렇게 해 주셨다. 보증금이 0원인만큼 월세를 더 많이 받으실 수 있었는데 추가로 올리지도 않으셨다. 내 또래 대학생 딸을 두셨는데 평소에도 자취하면 과일 못 챙겨 먹는다며 이것저것 챙겨 주시던 분이셨다. '때로는 타인이 결정적인 도움을 줄 수도 있구나!' 느꼈던 첫 일이었다. 그 집을 나올 때 "사장님 아니셨으면 학원을 차리지 못했을 거예요..!" 인사드렸고 꼭 성공하라고 덕담해 주셨다. '착한 임대인 운동' 현수막을 볼 때마다 지금도 생각나는 분이다.

평소 오며 가며 점찍어둔 아파트가 즐비한 곳의 상가를 얻었다. 보증금 500에 월세 50, 12평짜리를 계약했다. 부동산 소장님께서 계약서 작성하시며 말씀하셨다.

"눈빛이 세상에 두려울 것 없어 보여요. 나이는 어리지만 엄마들이 만만히 보지 못하겠어요!"

내 신체 중 가장 많이 들었던 게 눈빛이었다. 호기심에 가득 차 있고 도전적이고 개구져 보인다고. 어머니는 여자아이가 다소곳하지 못하다 했고 아버지와 친척들은 커서 사업으로 성공할 것이라고 하셨다.

손가락 지문이 없어질 정도로 전단지를 접다

월세 보증금까지 전부 빼서 창업 자금을 마련해야 할 정도로 빠듯했다. 홍보작업은 오로지 나만의 몫이었다. 학원 근처 2500세대 아파트 두 곳이 있었다. 한 번 돌리는데 5000장의 전단지가 필요했고 연이어 두 번을 돌렸다. 지문이 사라질 듯 손가락이 짓무르도록 잠도 안 자고 1만 장의 전단지를 접었다. 냉장고 자석, 오색빛깔 공기, 지우개 등 홍보물과 함께 비닐에 넣었다. 내 허리까지 오는 이민 가방이 뚱뚱해지도록 넣고 낑낑거리며 끌고 다녔다. 157센티에 46킬로였던 나는, 가방을 끌고가는 것인지, 끌려가는 것인지 몰랐다. 홍보물을 우편함에 넣을 때마다 홀쭉해져 가는 그것을 보면, 뙤약볕 아래서 얼음물 한 잔 들이켠 것처럼 내 마음도 시원해졌다.

학원에 온몸과 마음을 넣어 두느라 친구들을 만날 여유가 없었다.

몇 달 만에 하루 짬을 내서 같이 나들이를 가려 했다. 친구들이 학원으로 찾아왔다.

"손가락이 왜 그래?"
"전단지 접느라고.."

평소 내 성격답게 신나게 말했건만 친구들은 금방이라도 울 듯 안타까운 표정으로 의자에 주저앉아 몇 시간이고 전단지를 접었다. 당장 쓸 전단지는 접었으니 놀러 가자고 했는데 세 친구는 엉덩이 붙이고 앉아 하루 종일 일어서지 않았다. 몇 달치 쓸 전단지를 접어주고 나서야 일어났다. 집이 멀었던 친구는 전단지를 택배로 보내라고 했다. 교실 한편에 쌓여 있는 전단지 더미에 눈을 못 떼고 문을 나섰다. 수업하고 남는 시간에는 홍보에 몰두했다. 전봇대에 붙이고 가가호호 우체통에 부지런히 넣고 다녔다. 온몸이 부서져라 일을 했는데도 꿈과 희망에 부풀어 힘든 줄을 몰랐다. 세계를 정복한 알렉산더 대왕이 된 듯 가난한 20대의 나는 의기양양했다.

창업 후 6개월을 잘 버텨라

막무가내 정신으로 무장한 나도 불안감이 온몸을 휘감았다. 집 보중금까지 탈탈 털었지, 집기류는 카드 12개월 할부로 구매했지, 홍보는 현금으로 해결할 일이 많아 현금서비스까지 받았지, 당장 생활비도 없었다. 창업 전, 길거리에 나앉아도 좋다는 희망 가득 절실한 마음이 지푸라기라도 잡고 싶은 절박한 마음으로 바뀌었다.

어떤 사업이든 간판 달았다고 바로 손님이 알아서 들어오지 않는다. 특히 학원업종은 커피숍, 음식점, 의류점, 슈퍼마켓 등에 비해 그 기간이 더 길다. 자녀들 교육에 관한 문제이고 한 번 등록하면 보통 몇 년씩 보낼 곳이니 신중할 수밖에 없다. 평균 6개월은 지켜보는 시기이며 최소 이 기간이 지나야 서서히 입소문이라는 것이 나기 시작한다.

20년 전에는 전단지가 홍보계의 약방의 감초와 같았다. 하지만 전단지 4000장을 돌려도 전화 1~2통 왔다. 학원 온라인 커뮤니티에 전단지 수천 장 뿌리고 갖가지 홍보를 했지만 반응 없다는 글을 종종 본다. 그 초조함이 어떤 것인지 너무나 잘 안다. 당장 반응이 없는 것은 당연하다. 실망하지 말고 어떤 방법으로든 내 학원의 존재를 꾸준히 노출시키는 것이 중요하다. 마을버스, 은행, 아파트 엘리베이터, 우편함, 게시판, 신문 삽지, 현수막, 학교 앞 홍보 등 오픈 후 1년 동안은 돈 여유가 있을 때마다 홍보에 투자했다. 그렇게 돈이 빠듯했는데도 홍보비를 아끼지 않았던 이유는 대학 내내 여러 개인 사업체에서 일을 하며 그 중요성을 느꼈기 때문이다. 처음엔 전단지를 보고 그냥 흘려버렸는데 길가다 간판을 보게 되고 학교 학부모회의에 갔더니 그 학원이 잘 가르친다는 소문을 듣게 된다. 이렇게 노출이 쌓인 상태에서 학원을 옮기거나 새로 등록할 타이밍이 되었을 때 상담 오시는 경우가 대부분이다. 지금은 예전 전단지의 역할을 블로그가 대신하는 경우가 많은데 이것도 마찬가지이다.

오픈 후의 통과의례

나는 겪었지만 모두에게 해당하는 것은 물론 아니다. 10년을 운영해도 큰 트러블 없이 운영하시는 분도 있다. 오픈을 하면 경쟁 학원의 견제가 어느 정도는 있다. 전화로 교육비등 커리큘럼을 물어보는 것은 기본이고 과감하게 직접 찾아오기도 한다. 오픈 현수막을 걸었더니, 어떤 날은 먹물이 뿌려져 있었고 또 어떤 날은 찢겨져 있었다. 밤마다 정체불명의 전화가 왔다. '누구세요?' 하면 그냥 뚝 끊었다. 원장이 여자인지 남자인지, 나이는 대략 어느 정도인지 알아보려고 했을까. 다짜고짜 전화해서 자기 아이 영문 자기소개서 써 주면 등록하겠다는 일도 있었다. 실제 그 자료를 학원 문고리에 걸어 두었다. 전화로 'NO!' 라고 했는데도.

"원장님 안 계세요?"

"제가 원장입니다."

"......................."

상담 오신 어머님이 내 앳된 얼굴을 보시고 아이 손을 잡고 홱 나가신 적이 여러 번 있었다. 상담 도중 학교는 어디 출신이며 전공은 무엇인지 경력은 얼마나 되었는지 꼬치꼬치 캐묻기도 했다. 이런 당연히 궁금할 법한 질문부터 여러 가지 트집을 잡으시며 비아냥거리시는 분도 계셨고, 등록하신 분들 중에서 내게 호통치는 분들도 계셨다. 처음에는 관계가 삐그덕 거렸으나 내 진정성을 보시고 수년간 열렬한 팬이 되신 분들도 계시다. 그분들과 20년이 지난 지금도 인연을 이어가고 있다. 오픈 후 겪을 수 있는 반갑지 않은 '통과의례'를 만나더라도 시작부터 위축될 필요는 없다. 한편으론 내 학원의 존재를 실감할 수 있어서 도전의식이 생겼다. 무플보다 악플이 낫다고 하지 않은가.

FYI. 학원이 잘 될 때에도 홍보해야 하는 이유

2년 차가 되었을 무렵, 꼬리에 꼬리를 문 입소문으로 학생들이 몰려왔지만 그 후로도 5년 이상 분기마다 초창기에 했던 홍보를 이어갔다. 대한민국에 '삼성' 모르는 사람이 없는데도 끊임없이 광고를 한다. 홍보는 당장 해도 안 해도 표시 나지 않지만 몇 년이 지나서 침체되는 주요 원인이 된다. 열심히 가르치는데 왜 학생이 늘지 않지? 이유는 단 하나이다. 알리지 않았기 때문이다. 잘 가르치는 것은 기본이다. 홍보는 신규 고객 유입을 위한 수단이며 기존 회원 학부모들에게 우리 학원이 계속 노력하고 있음을 알려 주는 신호이다.

03

승승장구의 결과

2년 차 전후로 급성장하여 10년 차까지 상승세를 이어가다

6개월을 기점으로 씨앗 회원이 20여 명이 생기자 늘어나는 속도가 배로 빨라졌다. 기존 학생들의 실력이 눈에 띄게 향상되면서 학부모님들의 만족도가 높아지고 소개도 이어졌다. 동생이 오고 친구가 오고 사촌이 왔다. 특히나 공부 잘하기로 소문난 학생이 있으면 속도에 탄력이 더 붙었다. 우수 학생 한 명을 보고 꼬리에 꼬리를 물고 열 명의 학생이 등록했다. 자기 시간이 아닌데도 자리를 빼앗길까 봐 일찍 오는 학생들로 항상 붐볐다. 여유 좌석이 없어서 기다려야 하는데도 그랬다.

'왜 이렇게 자꾸 일찍 오니? 네 시간 맞춰서 와야지!' 이러면 '엄마가 빨리 가서 기다리라고 했어요. 자리 빼앗긴다고요' 라고 대답했다. 당차고 학생들을 위해 물불 안 가리는 젊은 원장에 대한 입소문으로 문전성시를 이루었다.

증가세의 첫 조짐은 동생 회원들의 연이은 등록이었다. 첫째 아이가 다니면서 실력이 올랐는데 둘째를 안 보낼 이유가 없다. 둘째가 영어학원을 안 다니고 있으면 등록이 빨랐고 다른 곳을 다니고 있다면 옮길 시기가 되었을 때(아이가 옮기고 싶어 하거나 학원에 문제가 있거나) 반드시 등록하셨다. 1명이 2명, 2명이 4명, 4명이 8명이 되면서 2년 차로 접어들 무렵 100명을 넘어섰고 서서라도 듣겠다는 문의가 이어졌다.

"젊은 분이 저금을 꽤 많이 하시네요! 죄송하지만 무슨 일 하세요?"

수년간 매달 오백만 원 이상씩 적금 붓는 내게 은행 직원이 빙그레 웃으며 물었다. 전반 10년은 온몸을 불사르는 불같은 열정과 영어 붐이 의기투합해서 에베레스트 산을 오른 듯 상승세를 탔다. 주변 원장님들보다 열 살 이상 어렸던 나는 어머님들의 불안감을 불식시키고 학생들의 실력을 끌어올려 티칭과 경영 실력을 인정받게 되었다. '상위권 학부모님이 선택하는 곳' '커리큘럼이 우수하고 관리가 철저한 곳'이 우리 학원의 이미지였다. 같은 커리큘럼을 재탕하지 않았다. 분기마다 기존 프로그램을 강화하고 새로운 것을 도입하면서 연구를 게을리하지 않았다. 오래 다녀도 긴장감을 잃거나 지겨워하지 않아서 5년 이상 장기 학생들 비율이 높았다. 전체 학생의 80프로는 2년 이상 재등록했다.

나도 알 수 없었던 내 미래

'나도 학원 재벌이 될 수 있겠구나!

그렇게 될 거라 믿었다.

학원 경영 20년이 되고 마흔이 넘으면 강남대로 한복판에 내 소유의 고층 빌딩 한 채쯤은 당연히 있을 거라고. 구속을 싫어하는 자유로운 성격대로 디지털 노마드가 되어 세계를 동네 삼아 살고 있을 줄 알았다. 21년 차가 된 지금, 강남대로는커녕 대한민국 어느 곳에도 내 이름 석 자 새겨진 2층 건물도 없다. 세계가 동네가 아닌 그냥 내가 사는 곳이 내 동네일 뿐이다! 학원 창업 후, 승승장구만 이어졌다면 20대의 목표가 불가능하진 않았으리라!

학원이 성장할수록, 내부에선 배스킨라빈스 31보다 다양한 성향의 강사, 학생, 학부모를 만난다. 외부적으론 어떤가? 경쟁 학원, 건물주, 프랜차이즈, 각 공공기관들과의 이해관계로 엉킨 실타래가 된다. 원장은 안팎으로 크고 작은 전쟁을 끊임없이 치러야 한다.

2009년, 조울증을 앓고 있던 교육비 장기미납 학부모로부터 고소와 협박을 당했다. 몇 년 사이 조울증 환자로 인해 사건사고가 많았는데 뉴스를 접할 때마다 그때의 일이 떠오른다. 겪어봤던 나는 그 무서움을 잘 안다. 그 이후로 대인기피증을 앓게 되었고 어머님들과 거리를 두게 되었다. 이 일이 수습되고 곧이어 전국을 휩쓸었던 신종플루 사태로 2주간 휴원하게 되었다. 학생들과 선생님이 확진판정을 받았다. 우리 학원은 좋은 먹잇감이 되었고 기자들은 인터뷰를 요청하며 학원 밖에서 진을 치고 있었다. 휴원 손실을 만회하기 위해 더 열심히 달렸고 정상 궤도에 올려놓았다. 한숨 크게 쉬고 내 몸을 돌아보니... 언제 들어와 있었을까. 암이 고개를 내밀었다. 남에게 피해 주지 않고 도덕적으로 열심히 살면 원하는 것을 이루며 살 줄 알았다. 결코 무너질 것 같지 않았던 난공불락 요새였던 나의 학원은 연이은 사건에 나와 함께 반 이상 무너졌다.

10년 공든 탑 무너지다

어찌 된 일인가? 줄줄이 빠져나가는 학생들을 보며 새벽 공기의 상쾌함을 느꼈다. 10년 공들인 탑이 1년 안에 무너질 수 있는 걸 보고도 의아하리만큼 담담했다. 속이 후련했다. 울고불고해도 모자랄 상황인데 이상한 일이었다. 영어 단일과목으론 지역에서 가장 많았던 학생 수가 1년이 안 되어 4분의 1로 줄었다. 초등부와 몇몇 중고등부 학생들만 남았다. 입원, 퇴원이 반복되고 자리를 자주 비우는 모습에 불만을 느낀 중고등부 학생들부터 이동하기 시작했다. 나쁜 소문들이 돌았다. 내 상황에 대해 설명하지 않았으니 당연한 결과였다. 시험을 앞둔 학생들이 더 좋은 곳에서 공부를 이어나가길 바랐다. 10년 세월 언제나 내 1순위는 내 학생들이었다. 그 순간에는 어쩌면 나만 생각하고 싶었을지도 모른다.

'너 이제 잠시 쉬어!'

1년 동안 연이어 일어난 굵직한 사건들로 파김치가 된 나에게 내 몸은 이 말을 해 주고 싶었던 걸까! 부모님은 계셨지만 고아처럼 살았던 내게 그 당시 의지할 것은 책뿐이었다. 《꿈꾸는 다락방》을 외울 듯이 읽었다. 생생히 그리면 이루어진다...고 했지. 수만 번 되뇌었다. 내가 가진 돈 전부를 줄 테니 제발 낫게 해 달라고.

건강도 잃고 학원도 기울자 제일 하고픈 게 아이러니하게 '공부'

였다. 학창 시절 영어와 외국어는 좋아했지만, 학구파와는 거리가 멀었다. 병실에 혼자 우두커니 있을 때마다 가장 절실한 것이 나를 위한 '배움'이었다. 학생들 공부만을 위해 달렸던 10년이었다. 돌아보니 빈속에 빈 껍데기였다. 자신만만했던 영어 실력조차 10년 방치하니 중학교 교과서 겨우 읽을 정도로 떨어졌다. 나라는 사람은 학원 없이는, 선생님들 도움 없이는 아무것도 할 수 없는 사람인가? 내 영어를, 내 건강을, 내 자아를 찾기로 했다.

04

2009년 신종플루를 떠올리다

2009년 신종플루로 휴원하다

코로나 바이러스로 전 세계가 어수선하다. 거리엔 마스크 피플이 늘어났고 확진자가 나온 지역의 교육시설 및 영업장은 휴업에 들어갔다. 나도 11년 전 같은 경험을 했다. 휴원을 결정했던 시기는 신종플루의 공포심이 극에 달했을 때였다. 사망자가 나오고 확실한 정보도 대처방법도 없는 혼란스러운 시기였다. 뉴스는 하루 종일 신종플루 감염자와 학교와 학원의 휴업 소식과 텅 빈 교실을 보도하기에 바빴다. 그중 한 곳이 내 학원이었다. 난 그 이후로 TV를 없애 버렸다.

학생들 중 3형제와 사촌 1명이 같이 다니는 집이 있었다. 초등 연년생인 네 녀석이 항상 자석처럼 같이 다녔다. 어머님들끼리 자매지간이셨는데 워킹맘인 동생을 대신해 전업주부인 언니가 조카를 케어하셨다. 어느 금요일 저녁 전화가 왔다.

"네 아이 중 두 명이 확진 판정받았고 두 아이도 걱정되네요..."

그리고 이틀 뒤 일요일 밤에 선생님 한 분에게 전화가 왔다.

"증세가 있어서 병원에 가 봐야 할 것 같아요. 일단은 출근하면 안 될 것 같아요."

휴원 결정하고 24시간이 안 되어 방송국 기자와 카메라맨 여럿이 들이닥쳐 학원을 에워쌌다. 전혀 예상치 못했다. 누가 그렇게 발 빠르게 방송국에 신문사에 제보를 했을까? 한 기자와는 인터뷰를 했는데 이런 질문을 했다. "주변 원장님들과의 관계가 어떠세요?" 평상시 나를 눈엣가시처럼 여겼던 경쟁 학원들이 그랬을 거라 짐작해 볼 뿐이었다. 기자들은 오기 전 블로그, 홈페이지, 카페를 뒤져 나와 학원 정보를 알아냈다. 내 핸드폰으로 부재중 전화가 수십 통씩 왔다. 온라인에 노출된 모든 것들 닫아 버렸다. 애초 1주일 휴원을 결정했지만, 기자들의 지나친 관심과 선생님도 확진 판정을 받아 2주로 연장하면서 손실이 커졌다. 선생님 네 분, 사무직원 한 분은 재택근무에 들어갔다.

텅 빈 교실에 앉아 가장 먼저 떠올렸던 한 사람

아빠 사업 부도로 집을 잃고 떠돌며 살았다. 초등학생도 다리를 못 펼 정도의 작은 여관방과 낯선 친척들 집에서 더부살이했다. 다섯 식구가 한 곳에 얹혀살 수는 없어 떨어져 살았다. 그때 이후로 가족끼리 다 모여 산 적이 별로 없고 아빠는 드문드문 생활비는 보내 주셨지만, 모습을 나타내지 않으셨다. 죄책감 때문이셨을까! 지금까지도 몇 번 뵙지 못했고 간간이 소식만 전해 듣는다. 아빠를 원망했지만 텅 빈 교실에 앉아 처음 든 생각은 '아빠도 그렇게 될 줄 몰랐구나! 사람의 의지로 안 되는 것도 있구나!' 였다. 내가 부자가 되면 죄책감에서 벗어나 편히 지내실 수 있으리라 생각했다. 옛집을 다시 찾으면 한 밥상에 앉아 같이 밥을 먹을 수 있을 줄 알았다. 그래서 남보다 덜 자고 더 일해서 나이에 비해 돈도 많이 벌었는데... 그 빈 교실에서 아빠를 이해하게 되었고 원망의 맘을 떠나보냈다.

'그런 일... 나도 어쩔 수 없는 일... 완벽히 대비조차 할 수 없는 일... 내 잘못이 아니어도 내가 책임져야 하는 일... 아빠도 그랬을 거야...'

절망 속에서 만난 타인이란 이름의 따뜻한 사람들

2주 휴원 동안 출근해서 멍하니 빈 교실에 앉아 있었다. 그냥 몇 시간이고 앉아 있기만 했다. 이백 명에 달하는 학생들과 선생님들 걱정에 아무것도 할 수 없었다. 추가 감염자가 없기를 바랄 뿐... 청소와 서류 정리하러 나갔지만 마음이 지옥이라 어느 것도 손에 잡히지 않았다.

'그냥 다 놓아 버릴까... 내 어릴 적 꿈이... 내 10년이 이렇게 끝나는구나..!'

선생님의 따뜻한 도시락

선생님 한 분이 손에 3단 찬합을 들고 찾아왔다. "혼자서 이렇게 출근해 계실 줄 알았어요. 식사 안 하고 계실 것 같아 좋아하는 잡채 만들어 왔어요." 평상시 선생님 어머님께서 반찬을 종종 만들어 주시곤 했다. 제사 지내실 때, 반찬 하실 때, 김장하실 때... 분명 밥도 안 먹고 혼자 출근해 있을 거라고 선생님 편에 음식을 보내셨다. 난 선생님들이 아프시면 전복죽 손에 쥐어 주고 조퇴시켜 주던 정 많은 원장이었다. 어버이날에는 선생님들 부모님께 케이크를 보냈다. 가족의 소중함을 잘 알기에 말만 가족 같은 학원이 아니라 진짜 그렇게 대했다.

나 모르게 나를 지켜주셨던 청소 도움 할머니

학원이 있던 대형 상가엔 청소 도움 할머니가 계셨다. 오며 가며 복도에서 인사 나누었고 학부모님께 받은 선물을 간간이 나눠 드렸다. 늘 웃음 띤 표정으로 인사하는 나를 보시면 얼굴에 전등이 켜진 양 환해지셨다. 할머님이 불이 켜져 있어 들어왔다며 박카스 하나를 건네주셨다. "어떤 사람이 이걸 나한테 줬는데 선생님이 더 필요한 거 같아서." 나중에 학생들에게 들었다. 기자들이 학원을 에워싸고 있을 때 할머니께서 기자들에게 "어여 돌아 가! 여기서 뭣 하러 서 있냐. 힘든 사람 더 힘들게 하지 마라."라며 나무랐다고 하신다. 학원 맨 안쪽 교실 한구석에 돌부처럼 앉아 있던 나는 몰랐다. 여러 학생들이 보았다 하니 기자들이 올 때마다 지켜주고 계셨던 것이다.

원장님들의 위로와 응원

친분이 두터웠던 원장님이 연락도 없이 찾아오셨다.

"제가 학원에 있는 줄 어떻게 알고 오셨어요?"

"원장님은 항상 학원이랑 한 몸이었어요. 전염병이 돌아 다른 사람은 다 떠나도 원장님은 못 떠나죠." 좀처럼 눈물을 보이지 않는 나도 그

말에 안개가 서렸다. 학원 하면서 가장 의지가 많이 되었던 건 오랜 기간 친분을 유지해 온 원장님들이셨다. 학원 하면서 세 개의 프랜차이즈를 가맹했었는데 여기서 만난 분들이셨다. 독자적으로 운영한 지 10년 가까이 되었지만 그 인연들은 지금도 이어져 오고 있다. 원장님들은 나이가 훨씬 어리지만 혼자서 꿋꿋이 학원 꾸려가는 나를 진정으로 좋아하고 지지해 주셨다.

나는 다른 사람과 함께 할 때 활기가 넘치고 나눔에 행복을 느낀다. 원장님들께 수년간 개발한 시험지부터 시스템과 커리큘럼까지 아낌없이 공유해 드렸다. 자타공인 창의력 뛰어난 나는 콘텐츠 개발이 특기이자 취미다. 분기별 학기별로 기존 프로그램을 보완 강화하면서 새 콘텐츠를 계속 접목했다. 50~60대가 되신 원장님들은 본인들의 학원을 믿을 만한 사람이 맡아주길 원하셨다. 그분들 학원엔 이미 내 손길이 가득한 자료와 시스템이 녹아 있었기에 내가 인수하는 것은 자연스러운 일이었다. 하나 둘 그런 기회가 늘어났고 프랜차이즈 회사를 설립할 수 있는 씨앗을 남겨 주셨다.

휴원 종료하고 첫 수업이 있던 날의 풍경

여느 때와 다름없이 왁자지껄 등원하는 학생들과 반가운 맘으로 맞아 주는 선생님들을 보며 생각했다. "그래 학원은 이렇게 아이들이 떠드는 소리가 있어야 하는 곳이야." 평상시 같으면 불호령을 내렸을 텐데 2주 만에 들리는 소리로 무척 행복했던 기억이 있다. 이산가족 다시 만난 것처럼 마음이 기쁨으로 벅차올랐다. 빈 교실에 앉아 '모든 것을 그만 내려놓자.' 라고 마음먹었던 것이 부끄러웠다. 여러 학부모님들께서 학생들과 함께 오셨다. 나를 보며 미소지어 주셨지만 2주 만에 5킬로가 빠진 모습을 보시곤 안타까움을 숨기지 못하셨다. 80프로의 학생들은 돌아왔고 나머지는 신종플루가 완전히 사라지면 오고 싶다 하셨다. 2주간 휴원했지만 선생님들 급여와 상가 월세와 관리비는 당연히 그대로 지급했다. 선생님들은 내가 감당했을 책임을 아시기에 열과 성을 다해 근무해 주셨다.

학생수가 2백 명이 넘었던 것만큼 2주간의 휴원과 그 여파로 퇴원한 학생들의 숫자는 큰 타격을 주었다. 이때부터 예상치 못한 역경이 닥쳤을 때 어떻게 극복해야 하는지 학원 상태를 철저히 재점검했다. 내가 가진 여유자금이 얼마 있고 대출은 얼마까지 받을 수 있는지 분기마다 체크하고 저축액을 늘려갔다. 선생님 부재 시와 오프라인 수업이 불가능할 때 어떻게 학습을 유지시켜 줄까... 최악의 상황을 그려 보며 대비책을 세웠다. 2주간 교실 수업이 갑자기 불가능해지니 학습을 이어 줄 뾰족한 방법이 없었다. 학습지를 배부하고 전화로 체크했을 뿐이었다. 온라인 프로그램의 필요성을 절감하며 학원 프로그램에 도입하기 시작했다.

05
—

일 보 후퇴 십 보 전진

병원에서의 또 다른 일상

"학원 몇 년 했어요? 나이로 보면 1~2년 했을 거 같은데 포스가 꼭 미실이 같아."

"족집게세요. 저 10년이요. 학원에서 별명도 '미실' 이에요."

2009년도에 드라마 '선덕여왕' 이 선풍적인 인기를 끌었다. 그때부터 학원에서의 별명이 '미실이' 였다.

그런데 병원에서도 같은 말을 들었다. 카리스마 있다는 말은 늘 들었는데 신기했다. 의사, 간호사분들께도 한 마디씩은 들었다. 내 어떤 모습에서 그리 느끼셨을까! 학원에서야 호랑이 원장 선생님이지만 평상시 나는 애교많고 사근사근한 사람인데 말이다.

큰 고비를 넘긴 후의 병원 생활은 어떻게 보면 쉼의 시간이었다. 창업 이후 그렇게 여유로웠던 적이 있었던가. 균형 잡힌 세 끼 식단과 간식까지 꼬박 챙겨 먹었다. 컨디션이 좋은 날에는 산책을 가고 책을 읽고 TV를 보고 이야기를 나누었다. 밝은 웃음의 환자분들을 만났다. 힘든 과정을 겪고 나서 자신과의 싸움에서 이긴 사람만이 지을 수 있는 표정이었다. 웃을 일이 없을 줄 알았다. 그런데...웃으며 그렇게 살아가게 되었다.

힘든 일이 있을 때마다 병실 짝꿍들이 해 준 말이 생각난다. 수술실로 향하는 내 손을 잡아 주었다. "그동안 잠 못 잤죠. 한숨 푹 자고 나면 끝나 있을 거니까 걱정 말아요. 나는 여기서 반기고 있을 테니까." 퇴원을 앞두고 있었다. "병원 나가면 아무것도 두려워 말고 신나게 살아요." "여기 다시 오면 안 받아 줄거니까 아프지 말아요." 병실에서 아홉 살부터 칠순 어르신까지 다양한 연령대 분들을 만났다. 학원에만 파묻혀 사느라 주위를 둘러보질 못했다. 이웃들의 세상 살아가는 이야기에 숙연해졌다. 각자 아픔을 끌어안고 힘차게 헤쳐가고 있었다. 그때 나누었던 이야기, 들었던 말이 여전히 힘을 준다. 병원에서 만난 짧은 인연들이 가족과 친구보다 더 위로가 되었다. 나도 누군가에게 말과 글로 그런 존재가 되고 싶은 마음이 강렬해졌다.

배움으로 속을 채워 갔던 시간

우리 학원의 가장 큰 장점은 탄탄한 커리큘럼이다. 창조해 내는 일을 무척 좋아한다. 대학원 전공을 고민하던 차에 영어 콘텐츠 개발학과가 있다는 걸 알고 지원했다. 학교를 설렁설렁 다닐 생각은 없었지만 일 년간은 일주일에 네 번 출석해야 해서 대학을 다시 다니는 것 같았다. 지나간 일은 후회하지 않지만 만약 다시 돌아갈 수 있다면 대학원 생활과 책 읽기에 몰입하고 싶다. 워커홀릭이 아무 일도 안 하고 책만 읽는 것은 고문이겠지만 3년의 시간은 온전히 책으로 나를 채웠어도 좋았으리란 생각이 든다. 대학원 면접 준비하려고 보니 월등한 영어 실력도, 증명해 보일 화려한 이력도 없었다. 10년간 내가 기획했던 전단지, 커리큘럼, 공문 등을 가져갔고 교수님들께 좋은 인상을 남겨 드렸다.

6년간의 긴 일 보 후퇴기

생각보다 타이트했던 대학원 수업과 발표 준비, 치료를 병행하느라 학원은 성장을 멈췄다. 한 명 나가면 한 명 들어오는 정체기가 지속되었다. 이 시기부터 티칭에서 서서히 손을 떼고 학습 콘텐츠와 경영 시스템개발에 주력했다. 언제 입원하게 될지 모르는 내가 가르치는 건 학부모님들과 학생들에게 피해가 갈 수 있어서였다. 신종플루 휴원 이후 온라인 프로그램 연구에 박차를 가했다. 온라인 회사의 영역별 프로그램, EBS, 전화영어, 화상영어, 스카이프 학습법 등을 섭렵했다. 교실 수업을 못하게 되었을 때, 내가 자리에 없을 때, 선생님의 갑작스런 부재에 대비하여 우리 학생들에게 맞는 프로그램을 선별하고 접목시키기 위해 준비했다. 비상시에도 허둥대지 않고 학원을 꾸려갈 수 있었다. 병원, 집, 학교에서 온라인에 접속해서 학생들의 학습 상황을 체크했다.

정체기는 내가 선택한 또 다른 생존 전략이었다. 성장을 위한 어떤 것도 하지 않았다. 우리 학원이 성장을 멈추니 주변 학원들의 견제도 없었다. 편했고 그 상황을 즐겼다. 배우는 게 좋아서 대학원 이후에도 영어 개인과외를 받았고 난생처음 영어학원에도 등록해서 수십 명의 수강생들과 함께 공부했다. 건강에 관심이 가서 트레이너 교육도 이수했다.

이제 십 보 전진할 차례다

아프고 나서부터 시스템을 기획할 때 가장 우선순위에 두었던 것은 선생님들과 나의 삶의 질이었다. 내가 하기 싫은 것은 선생님들께도 바라지 않았다. 정기 전화 상담과 내신 성적 상담을 없앴다. 보여주기 식의 영양가 없는 보충수업도 없앴다. 한 달 단위 수업에서 횟수제로 명확히 구분했다. 한 달 12회 수업이면 13회 차가 되는 수업은 휴강하여 교재 연구 등 재충전의 시간으로 활용했다. 매달 있는 것은 아니지만 가끔은 평일의 여유를 느낄 수 있어서 선생님들의 반응 역시 좋았다. 보통의 회사원들과는 다른 삶을 사는 강사들에게 평일 저녁의 여유를 드리고 싶었다.

몇 년 치열하게 공부하면서 느낀 것 중 하나가 있다. '선생님들도 나만큼 치열하게 사셨구나! 이 정도 영어 실력을 갖추기 위해 얼마나 고생하셨을까..그 긴 시간을 잠도 줄여 가며 견뎌내신 거였어...'

내가 제일 열심히 살았을 거라는 착각을 했다. 울퉁불퉁 거친 사춘기를 보냈기에 의지가 남달랐고 역경지수가 높았다. 다른 사람들이 노력하는 건 크게 와 닿지 않았다. 입과 귀를 트이게 하고 싶어 턱이 마비되도록 녹음을 했다. 휴일엔 잠자고 화장실 가고 밥 먹는 시간을 제외한 15시간을 영어공부에 투자했다. 내가 직접 경험하고 나서야 강사들의 노력을 비로소 이해할 수 있었다.

학원이 십 보 전진하려면 그 무엇보다 탄탄한 커리큘럼과 강사들의 역할이 중요하다. 내부 고객인 강사들이 일하고 싶어 하는 학원으로 만드는 것이 첫 번째였다. 그 다음 외부 고객인 학생과 학부모님들이 만족할 수 있는 교육비와 커리큘럼을 적용했다. 당장은 내 수입이 줄더라도 고객에게 이득이 돌아가는 시스템을 장착해 나갔다. 만족도가 높았고 학생들의 실력이 향상되면서 다시 소개가 이루어지며 정체기를 벗어날 수 있었다.

학원의 변화를 가장 빨리 알아채는 사람은 학생

학원 관계자가 가장 두려워해야 할 대상은 학생이다. 변화를 가장 빠르게 눈치채고 집에 가서 보고 느낀 그대로 말한다. 학부모님은 그 짧은 말을 통해 학원 분위기를 몇 초 만에 스캔한다. 뭐 이런 말까지 시시콜콜 전할까 싶은데 그러는 것이 학생이다. 공부에는 관심이 없어도 그 외의 것에는 눈을 반짝이고 귀를 쫑긋한다. 자기 잘못한 건 말 안 하지만 그 밖의 얘기는 잘 전한다. 오픈 초창기에 눈꺼풀 안쪽에 염증이 생겨 카운터 옆의 거울을 자주 들여다본 적이 있다. 작아서 겉으로는 표시가 나지 않았다. 결제하러 오신 어머님께서 조심스레 물어보셨다.

"원장님... 결혼하세요? K가 그러는데 요즘 거울을 자주 들여다보신데요."
"어머나..! 그런 얘기도 했어요? 눈에 다래끼가 나서요."

"애들 별거 별거 다 이야기해요."

학생들의 입에서 학원의 긍정적인 변화가 나올 수 있게 성의를 다하는 것이 학원 성장의 핵심이다. 나는 소소하게 인테리어 바꾸는걸 좋아한다. 돈이 안 드는 책걸상과 가구 재배치는 분기마다 한다. 저비용으로 분위기를 바꿀 수 있는 포인트 벽지, 계절별 소품, 화분 등으로 변화를 준다. '또 바꾸셨네요!' 하며 싱글벙글 들어오는 학생을 보는 것이 행복하다.

발전하고 있다는 증거

어머님들은 학원에 오지 않아도 자녀들의 입과 귀를 통해 학원 상황을 훤히 뚫고 계신다. 원장과 강사의 행동과 표정까지 세세히 읽으신다. 상담 오신 분들 입에서 이런 말을 듣게 되면 좋은 입소문이 나고 있다는 증거이다.

"학교 학부모회의에 갔는데 어머니들 사이에서 여기 평이 너무 좋아요."
"관리가 잘 되고 공부 잘하는 학생들이 많다고 들었어요."
"원장님이 열정적이시래요."

학교에서, 미용실에서, 같은 아파트 이웃에게서 여러 번 듣게 되면 확신을 가지고 바로 등록하신다. 소개해 주시는 입장에서도 내 아이는 큰 불만 없이 다니고 있지만 다른 사람에게까지 적극 추천하기는 조심스러울 수 있다. 그럼에도 좋은 말씀을 해 주시는 것은 굉장히 만족하고 계시다는 것이다.

나는 나를 믿었다

학원 경영이 내 천직이라는 것을 의심해 본 적은 없다. 그렇지만 힘든 일을 겪을 때는 내가 과연 잘하고 있는지, 학원 운영자로서 자질은 있는지 의문이 들 때가 있다. 《이름있는 학원들의 학원 경영 이야기》에 발전하는 학원 경영자의 공통점을 정리해 놓은 글이 있다. 여기에 내 모습을 대입해 보면서 잘해 가고 있는지 셀프 체크를 해 보곤 한다. 6번은 시기에 따라 다소 소극적일 때도 있었지만 나머지 일곱 가지는 내 모습이다. 비록 정체기를 오래 겪었지만 나는 다시 발전할 수 있으리라 의심한 적이 없다.

1. 교육사업은 교육에 대한 열정을 바탕으로 성공할 수 있다는 뚜렷한 소신을 가지고 있다.
2. 학원의 확고한 경영 비전을 세워 놓고 강사와 직원들을 설득할 수 있

는 능력을 가지고 있다.

3. 현장에 충실하여, 자신이 직접 강의를 했던 경험이 있거나 혹은 지금도 강의를 하고 있다.

4. 학원에서 며칠 밤을 새우는 열정과 개인적인 시간을 학원에 쏟아 넣는 열정을 가지고 있다.

5. 변화하기 위하여 끊임없이 새로운 것들을 생각한다.

6. 강사들과 직원들과 끊임없이 대화하며 그들과 호흡을 같이 하고 있다.

7. 결과에 대하여 스스로 책임을 질 줄 안다.

8. 과욕을 부리지 않고 원칙에 충실하려고 노력한다.

강사와 직원들을 향한 내 태도는 10년 차를 기점으로 크게 바뀌었다. 전반은 일과 개인적인 것에 경계를 두지 않고 가족처럼 뭐든지 퍼 주었다. 후반은 원장으로서 해 주어야 할 것은 명확히 했지만 그 외는 '난로'와 같은 적정 거리를 유지했다. 후자 쪽이 오히려 강사들과 트러블이 없었으며 근무기간도 안정적이었다. 학부모님들의 커리큘럼 만족도가 높아졌고 강사들과의 마찰이 줄어들면서 학원은 오랜 동면에서 깨어나 다시금 봄을 맞이하게 되었다.

PART
02

학부모 경영

학습 결과는 학원, 학생,
학부모님의 합작품이다.
세 발 자전거는 바퀴가 세 개가 있어야
제대로 기능을 한다.

01

콩 심은 데 콩 난다

불편한 진실

신규 상담을 하다 보면 전 학원에 대한 불만을 토로하는 분들이 있다. 초보 원장일 때는 맞장구치며 이런 저런 이야기를 나누었지만 운영 횟수가 쌓일수록 공감의 표시만 하게 되었다. 부모의 시선으로 보면 그 서운한 마음이 헤아려졌고 학생을 가르쳐 보니 전 학원의 입장도 이해되었다. 우리 학원에서도 같은 결과를 얻을 게 눈에 보였다.

일부 어머님들은 아이의 부족함을 자주 드러낸다. 그동안의 경험으로 보면, 어머니가 못마땅해 하는 아이의 모습이 어머니에게도 보일 때가 많다. 인정하고 싶지 않은 분도 있지만 자녀의 외모, 성격,

말투는 물론 사소한 습관과 학습 역량까지 놀랍도록 닮았다. 말투, 억양, 목소리, 걸음걸이까지 똑같다. 지금이야 핸드폰이 있어 학생과 어머님을 혼동할 일이 없지만 그 전에는 댁으로 전화를 종종 드렸었다. 학생이 받았는데 어머님이 받으신 줄 알고 존댓말을 쓴 웃지 못할 해프닝이 잦았다.

말 많은 아이, 말수 적은 아이, 표현력 좋은 아이, 예의 바른 아이, 이해력 빠른 아이, 산만한 아이, 신중한 아이, 정 많은 아이 등등 모두가 부모에게서 받은 성향이었다. 어머니만 뵈었는데도 이렇게 닮을 수가 있구나 싶은데 아버지까지라면... 아이의 현재 모습을 보면 집안 분위기와 부모님들 성향을 엿볼 수 있다. 책 많이 읽는 아이는 부모님이 책을 즐겨 읽으신다.

부모와 정반대의 아이도 있다

학구파 엘리트, 명석한 두뇌의 부모님 밑에서 정반대의 아이를 만나기도 한다. 부모님의 지나친 욕심으로 아이를 그르치는 경우이다. 아이를 타고난 그릇보다 몇 배 이상으로 키우려다 보니 오히려 더 열등해진다. 학생들이 공부를 못 하는 이유는 머리보다는 노력 부족이 월등히 크지만 ADHD나 난독증이 아님에도 정말 아이큐가 낮은 아이도 있다. 이런 성향의 학생은 10프로 미만이었다. 머리가 나쁜가 싶었던 아이도 알고 보면 집중력과 노력 부족인 경우가 90프로 이상이었다.

한국에서 명문대를 나오시고 미국에서 석사, 박사까지 하신 후 교수로 재직 중이신 학부모님이 계셨다.

딸아이에게 한국어보다 영어를 먼저 가르치시느라 24개월부터 원어민 과외를 시켰고 영어유치원을 보내셨다. 원어민 과외나 특히 영어유치원의 경우, 내성적이거나 두뇌회전이 빠르지 않은 아이에겐 그리 바람직하지 못한 영어 습득방식이다. 하나씩 콕콕 짚어 주고 쉽게 천천히 반복하는 학습이 필요한데 원어민 수업에서는 이것이 불가능하다. 결국 학습장애를 가지게 되는 사례를 상당히 많이 봤다. 중고등학교까지(아마 성인이 돼서도) 장애가 이어 진다. 이 여학생이 이런 케이스였다. 부모와 다른 두뇌 유전자를 인정하지 못하시고 본인들처럼, 엘리트로 키우고자 하는 욕심이 아이를 더 힘들게 했다.

내 아이가 마음에 안 든다고 불평하기 전에 부모 자신 먼저 돌아봐야 한다. 부모가 아이를 위해 해야 하는 것은 좋은 학원을 찾아 주는 것이 아니다. 공부할 수 있는 가정환경을 조성해 주고 먼저 책 읽는 노력을 보여 주셔야 한다. 부모님과 아이의 의지를 믿는 것보다 환경을 바꾸는 것이 더 빠르고 확실하다. 분위기가 그러면 아이들은 서서히 바뀐다. 알지만 실천하기 어렵다고 하신다. 그렇다면, 아이가 역량보다 잘 하기를..부모의 기대만큼 해 내기를 바라는 것은 너무 큰 욕심이요, 이룰 수 없는 희망이다.

02

내가 만난 상위권 학부모

교육비 결제 습관

'역시 아이가 괜히 잘하는 게 아니구나!'

상위권 학생 학부모와 이야기할 때마다 떠오르는 생각이다. 이 분들에게는 몇 가지 공통점이 있다. 가장 확실한 객관적인 특징은 바로 교육비 결제 태도이다. 상위권 학부모의 90프로는 교육비 결제일을 반드시 지킨다. 늦은 결제가 습관화된 분의 자녀는 공부습관이 안 잡혀 있어 성적이 좋지 않다. 70프로가 그렇다. 일부로 통계를 낸 것은 아니지만, 20년 동안 통장 이체 내역과 카드영수증에 찍힌 날짜를 정리하며 확인한 수치이다. 결제 날짜를 준수하는 어머니는 타인과의 약속을 중요하게 생각하는 분이다. 그런 분의 아이도 선생님과의 약속을 지킨다. 매번 미납 문자를 보내야 결제하는 학부모의 자녀는 과제를 대체로 안 한다. 지각을 밥 먹듯이 한다. 변명과 핑계가 많다. 정말 여유가 안 되서 늦게 내시는 분은 드물다. 경제력이 아니라 마음가짐의 문제다. 성적이 아닌 결제 습관 하나로도 어머니와 아이의 성향을 파악할 수 있다는 사실이 처음에는 신기했다. 그러다 '하나를 보면 열을 안다.' 라는 말이 여기에서도 통하는구나!를 인지하게 되었다.

"어휴...우리 애는 왜 이런지 모르겠어요."
"시키는 걸 제대로 하는 게 없어요."

이런 말씀을 종종 하고 교육비 날짜도 어기는 학부모에게 전하고 싶은 말이 있다. '먼저 결제 약속 지켜주세요. 그러면 아이도 어머니와의 약속 지킬거예요.' 아직 직접 전해드린 적은 없지만 늘 목구멍까지 차오른다. 상위권 학부모는 부득이한 사정으로 결제가 늦어지면 미리 양해를 구한다. 평소 잘 주던 분이 정말 깜빡 잊고 어쩌다 일년에 한 번 늦게 내면, 문자 한 통에 미안함을 그득 담아 보낸다.

학원에 요구사항이 있을 때

학원을 믿고 맡기시되 본인도 아이 학습에 관심을 가지신다. 말을 아끼시고 겸손하시다. 말과 태도에서 안정감이 느껴진다. 아이가 똑똑해서 공부를 잘하는데도 성적의 결과를 학원의 노력으로 돌리신다. 아이를 자랑삼아 잘난 척해도 되실 법한데도 부족한 아이 잘 지도해 주셔서 고맙다는 말씀을 하신다. 깐깐하실 것 같지만 의외로 그렇지 않으시고 부모로서 해야 할 것을 묵묵히 해 주신다. 학원에 의견을 주실 때도 충분히 그러실 법한 것을 부드럽게 전달해 주셔서 오히려 부끄러운 마음이 든다.

성적 결과가 나왔을 때

무상으로 보충까지 해 주셨는데 아이가 시험을 못 보았다며 오히려 미안한 마음을 전하신다. 학습결과는 학생의 의지, 학부모의 관심, 학원의 관리가 모두 합해져야 한다는 것을 잘 알고 계신다. 상위권 학부모는 의무를 다하고 권리를 주장하며 하위권 부모는 의무를 이행하지 않고 권리를 주장한다. 가정학습과 부모로서 해 주어야 할 것은 이행하지 않으면서 학원에 모든 것을 맡긴다.

안내문과 성적표를 보냈을 때의 반응

A4 한 장 분량 통신문을 보내더라도 일주일이상 공들여 만든다. 종이 가정통신문을 보내고 문자나 카카오 톡으로도 전송해 드린다. 보낸 당일 날 '오늘 이러이러한 내용의 통신문을 보내드렸으니 확인해 주세요.' 라고 문자를 드려도 확인 안 하시는 경우가 빈번하다. 며칠 뒤, 확인하셨는지 연락을 해 보면 한결같이 말씀하신다. '우리 애가 안 보여 줬어요.' 문자까지 보내드렸으니 아이가 보여 주기 전에 먼저 챙겨 볼 수도 있는 일이다. 일반 안내사항이 아니라 아이의 성적표를 보내도 마찬가지이다.

공지문을 꼼꼼히 체크하고 꼭 필요한 핵심 질문을 하는 분은 우등생 학부모이다. 안내문을 정독하고 궁금할 수밖에 없는 것을 문의한다. 상위 5프로 학생들 어머님들의 공통된 특징이 있다.

"우리 엄마는 학교나 학원에서 주는 종이에 밑줄 치며 꼼꼼히 봐요."

'아이는 그 부모의 거울이 맞구나!' 아이가 예사롭지 않다 싶었는데 어머님께서 밑줄까지 그으며 보신다는 말에 흐뭇했다. 정성스레 작성한 공문을 꼼꼼히 봐주시는 게 감사했다. 안내문을 보내면 짧게 한마디로 답장 주시는 분, 정성스레 다섯 문장 이상 피드백 주시는 분, 항상 아무 반응 없으신 분, 평상시는 안 하시지만 학원이 힘든 일을 겪을 때는 응원해 주시는 분들로 나뉜다. 항상 답장 주시는 분의 자녀들이 공부 잘할 확률이 높다. 어머니의 사소한 습관을 보면 아이의 성적이 보인다. 학원에서 하는 일에 관심 주시는 분은 아이에게 관심이 많은 분이고, 부모의 관심을 받는 아이는 그렇지 않은 아이보다 잘할 수밖에 없다.

성격 급하고 덤벙대고 글자 꼼꼼히 안 읽는 아이는 어머니도 안내문 제대로 안 읽으시고 질문부터 하신다. 안내문에 자세히 쓰여 있는데도 말이다. 안 읽으실 것을 알기에 문자로 안내를 해 드려도 마찬가지이다. 교재와 테스트한 것을 검사해 달라고 보내 드려도 챙겨 보질 않으신다. 아이는 그 무거운 것을 가방 속에 몇 달이고 넣고 다닌다. 구겨진 안내문이 가방 속에서 발견되는 일이 한두 번이 아니다.

"선생님, 우리 엄마 이거 안 봐요."

학습 자료를 보내드리는 것은 아이가 한 수고에 대해서 칭찬을 해 주십사 하는 것이 가장 크다. 그리고 무엇을 배웠는지 아셔야 하는 것은 부모의 권리이자 의무이다. 분기마다 학습태도와 시험 결과가 실린 분석지를 보내드린다. 당근과 채찍을 함께 주시는 분, 아예 무관심한 분, 못한 것만 나무라시는 분, 못 해도 잘한다고만 하시는 분, 다양한 반응이다. 칭찬과 고쳐야 할 부분은 따끔하게 야단치시는 분의 자녀가 예의가 바르고 공부도 잘한다. 내 아이가 조금이라도 성장하기를 원한다면 공지문과 학습 자료부터 챙겨 보시길 바란다.

03

변화의 시작은 부모 자신부터

부모님의 역할이 중요하다

맹모삼천지교는 그 옛날 맹자 어머니만 실천하신 것이 아니다. 21세기 대한민국의 어머니들도 못지 않으시다. 가정이 어려워도 가장 마지막에 줄이는 게 교육비라고 하지 않던가. 실제 신종 코로나 당시에도 우리 학원의 경우, 4월까지는 등록률이 100프로였다. 교육부의 휴원 권고로 인해 주춤해서 그렇지 자영업을 하는 내 지인들은 그 전부터도 고객이 줄어 시름이 끊이지 않았다. 부모가 힘들게 사회생활을 해도 자녀에게 좋은 것, 남들이 다 하는 것은 해주고 싶으셔서 학원을 등록하신다. 그런데 등록 이후에는 초반에만 반짝 관심을 가지실 뿐이다.

평일 낮, 출근 전에 커피숍에서 업무를 볼 때가 있다. 어머님들께서 삼삼오오 모여 이야기하는 것을 듣게 된다. 자녀들 학습문제가 대화의 대부분을 차지한다. 내 귀 레이더에 탁 날카롭게 잡히는 말이 있다.

"우리 애는 가방만 들고 왔다 갔다 해."
"우리 애는 학원 전기세, 관리비 내주러 다니잖아."

공부는 장기전이니 매번 신경 쓸 수 없다는 것도 이해하며 거리를 두는 것이 아이와 트러블을 줄이는 길일 수도 있다. 이런 상황을 감안한다 하더라도 납득하기 어려울 때가 많다. 아이의 천성과 습관을 바꿀 수 있는 효과적인 방법은 부모의 지속적인 관심이다.

숙제하는데 얼마나 걸리는지, 집안 분위기는 어떤지, 집중할 수 있는 환경인지, 학원생활의 어떤 점을 힘들어 하는지 등. 한 달에 한 번이라도 이런 상황을 알려 주시면 진심으로 감사하고 아이 지도에 큰 참고가 된다. 무엇보다 그 아이에게 관심의 말 한마디라도 더 전해 줄 수 있어 좋다. 그러면 아이도 '내가 선생님께 관심받고 있구나!' 라고 느껴서 더 안정적으로 열심히 공부한다.

공부도 습관이다

"하라는 고것만 딱 해요!"
"숙제 내주신 것보다 스스로 더 해야 하는데 안 해요."
"아휴~~ 잔소리를 수십 번 해야 해요!"
"우리 애는 머리는 좋은데 공부를 안 해요!"

전 세계를 통틀어 우리 애가 스스로 공부한다고 말하는 부모가 몇 프로나 될까! 상담하면서 이렇게 말하는 분 열 분도 못 만났다. 전교 1등이던지 꼴찌이던지 성적과 무관하게 모든 부모님들의 공통된 불만이다.

What is learned in the cradle is carried to the grave. (요람에서 배운 것은 무덤까지 가져간다.)

Custom (Habit) is a second nature. (관습/습관은 제2의 천성이다.)

Old habit dies hard. (오래된 버릇은 고치기 어렵다.)

As the boy, so the man. (그 소년이 그 어른이다.)

As the twig is bent, so is the tree inclined. (비뚤어진 가지가 굽은 나무가 된다.)

위에 언급된 문장 외에 습관에 관한 다채로운 표현이 있는 것을 보면 습관은 동서양을 막론하고 일과 공부에 있어 성공의 핵심 요소임에는 틀림없다. '우리 애가 공부를 안 해요.'라며 걱정하시는 분들께 나는 이런 생각거리도 나눠 보고 싶다. '공부를 왜 안 할까요?' '공부 습관이 안 잡혀 있어서 그렇습니다.' '왜 습관이 안 잡혀 있을까요?' '여러 요인이 있지만, 초등학교까지는 부모님의 도움이 절대적으로 필요합니다.'

원장이 만능 해결사는 아니다

학습 결과는 학원, 학생, 학부모님의 합작품이다. 세 발 자전거는 바퀴가 세 개가 있어야 제대로 기능을 한다. 초보 원장일 때는 학부모가 요구를 하면, 그것이 무엇이든 간에 '저희가 더 신경 쓰겠습니다.'라고 답변해 드렸다. 학부모와 학생이 해야 할 몫까지 학원에서 짊어지려 했다. 만능 해결사가 되고 싶었던 것이다. 해결 못 하는 것은 무능함을 드러내는 것이라 여겼다. 학부모님에게 해야 할 일을 요청해야 한다. 부모가 아이 학습에 방관자가 아니라 참여자가 될 수 있게 도와드리는 것도 원장의 역할이자 능력이다.

04
—

삼형제는 어떻게 명문대에 갔을까

사교육을 최소한으로만 받는데도 리더의 위치에 있는 학생들의 공통점이 있다. 바로 부모님과의 유대관계가 좋고 대화를 많이 나눈다는 것이다. 삼형제가 다닌 적이 있다. 한꺼번에 다니지는 않고 순서대로 각 2~3년 정도씩 다녔다. 모두 초등학교 3학년이 돼서야 영어를 처음 배웠다. 대학 입학 때까지 우리 학원 3년씩 다닌 것 외에는 어떤 사교육도 받지 않았다. 모두 서울 10위권 대학에 들어갔다. 세 아이의 공통점은 또래보다 생각이 깊었으며 책을 친구 삼아 늘 곁에 두었다. 인성 또한 반듯했다. 저녁에는 부모님과 그날의 뉴스거리를 이야기하고 주말엔 같이 등산하며 이야기를 나눈다고 한다. 실제 퇴근길에 아이들과 부모님이 동네 한 바퀴 돌며 도란도란 이야기 나누는 것을 종종 보았다. 저녁 무렵 삼형제 아버지가 학원에 들르신 적이 있다. 우리 아이들 공부하는 곳이 항상 궁금했는데 퇴근이 늦어 못 오다가 오늘 일찍 마쳐서 한 번 들러 보았다며 멋쩍게 웃으셨다. 내가 만난 최고로 멋진 학부형이다. 학생의 아버지가 이런 이유로 학원에 들르신 적은 없었다. 어머님께 여쭤본 적이 있다.

"어쩜 그렇게 아이들 셋을 잘 키우셨어요?"

"형편이 안 좋아 다른 집보다 잘해 주지 못해서 건강이라도 물려주려고 같이 등산하고 산책하면서 이야기 나누고 있어요. 집은 좁은데 아이가 셋이다 보니 비밀 이야기도 하지 못해서 한 명씩 데리고 나가서 동네 한 바퀴 돌며 이야기해요."

삼형제가 새 옷 입은 것을 본 적이 없다. 외식했다는 얘기도 못 들었다. 유일한 문화생활은 1년에 2번 영화 보는 것이었다. 초등 고학년 때에도 또래들과 달리 뉴스에 관심이 많아 물어보았다.

"어떻게 뉴스에 나오는 얘기를 잘 아니?"

"저녁 먹고 항상 아빠 엄마랑 같이 얘기해요."

《엘리트보다는 사람이 되어라》의 저자 전 예일대 교수 전혜성 박사는 자녀 여섯 명을 모두 글로벌 리더로 키워 낸 분으로도 유명하다. 그 비결은 누구나 알지만 실천하지 않은 바로 그것이다. '공부하라'는 말을 하지 말고 부모가 먼저 공부하는 모습을 보여 준 것. 끊임없이 함께 대화를 나누며 의견을 제시하고 토론하는 것이 일상이었다고 한다. 우리 학원 삼형제가 떠올랐다.

첫째 아이는 부모님과 주고받은 뉴스를 흥미롭게 들었고 그걸 신문을 통해 다시 접하면서 어휘력과 표현력이 저절로 향상되었다. 전교 1등은 물론이요. 가장 좋은 대학에 입학했다. 둘째는 부모님과의 대화를 통해 자기가 관심 가는 분야를 깨닫게 되어 슬기로운 사춘기를 넘길 수 있었다고 한다. 셋째는 부모님의 교육에 더해 두 형의 영향까지 받아서 100명에 1명 나올까 말까 한 '스스로 공부하는 학생'이 되었다.

05

공부는 하는데 성적이 안 올라요

정말 공부했는데 성적이 안 나오는 학생은 열손가락에 꼽을 정도이다. '이 녀석이 정말 머리가 나쁜가!' 고민하며 잠 못 잔 세월이 하루 이틀이 아니다. 다행히도 머리가 딱딱해서 그런 것은 아니었다. 성적이 안 오르는 이유를 내가 직접 가르쳤던 학생들과의 경험을 통해 밝혀 보려 한다.

집중력의 부재

1위는 단연코 '집중력'이다. 학생들의 공부 모습을 지켜보면 집중력 좋은 아이와 산만한 아이가 뚜렷이 구분된다. 전교 1등 하는 학생은 수업 내내 연필심이 부러지지도 않고 샤프심을 갈아 끼울 일도 안 생긴다. 반면 꼴찌는 매 수업마다 얇지도 않은 연필심이 자꾸 부러진다. 필통에 뾰족한 연필이 한가득 있는데 연필깎기를 자꾸 찾는다. 유독 지우개도 잘 떨어뜨린다. 짝꿍에게 지우개 빌리느라 손이 왔다 갔다 바쁘다. 집중력 강한 아이는 주변에서 무슨 일이 일어나는지 관심이 없다. 자기가 해야 할 것에만 신경을 쓸 뿐이다. 산만한 아이는 자기를 제외한 모든 아이들의 일거수일투족에 관심이 많고 말이 많다. 두리번 두리번 주변에서 조그마한 일이라도 있으면 참견한다. 다른 친구에게 한 질문을 자기가 대신 대답한다. 1인 5역하느라 바쁘다.

학원 선생님들이 연이어 교체되면서 어수선한 시기가 있었다. 걱정스러운 마음에 전교 권에 드는 여학생에게 물었다.

"선생님들이 자주 바뀌어서 집중하기 어렵지?"
"아니요, 신경 안 쓰는데요. 저는 제 할 일만 하면 되는 걸요."

우문에 현답이었다. '과연 서울대 갈 만한 집중력을 가지고 있구나!' 산만한 아이는 핑계와 변명이 줄줄이 비엔나소시지처럼 끊임이 없다. '엘리베이터가 늦게 왔어요. 학교 청소 늦게 마쳤어요. 엄마가 숙제하지 말고 자라고 했어요. 숙제 안 가지고 왔어요. 깜빡 잊어버렸어요.' 숙제 알림장과 책에 적혀 있는데도 숙제가 뭔지 몰라서 못

했다고 한다.

기초 실력 부족

학부모님과 학생에게 '기초 다지기'의 중요성을 설명할 때 건물을 예로 든다. 겉으로는 멀쩡해 보이지만, 지진을 만나면 힘없이 무너진다. 원인 분석 결과를 보면 철근이 덜 심어져 있는 경우가 많다. 급하게 짓느라 또는 자재비를 아끼느라 10개 심어야 할 것을 7개만 심었다. 공부도 마찬가지이다.

기초가 부실한 것은 당장은 표시가 나지 않지만 학년이 올라가면서 급격히 무너지거나 아무리 해도 실력이 오르지 않는다. 중1까지는 90점이 나왔던 학생이 중3이 돼서 70점이 나오는 경우를 종종본다. 남학생에게 더 잘 나타난다. 이 친구들은 그때그때 단기 기억으로 테스트는 통과했으나 초등학교 저학년 때부터 반복학습을 하지 않아 기초는 모르면서 심화과정은 아는 경우이다. 특히 쓰기나 문법처럼 100프로 정확성을 요구하는 영역은 취약하다. 중간에 빈틈이 생기면 다음 단계에서 따라잡기가 어렵다. 노력을 하더라도 1~2년으로 부족하다. 조급한 마음을 내려놓고, 어떤 부분이 부족한지 파악하고 채우는 과정에 시간 투자를 해야 한다.

시험 불안증

여학생들에게 많이 나타나는 것이 이 시험 전 불안증후군이다. 초창기에는 핑계라고 생각했다. 시험 전날부터 배가 아프다는 아이를 이해하지 못했다. 지나치게 소심하거나 공부 욕심이 많아 극도로 긴장한 나머지 오히려 그르치는 경우를 보면서 변명이라고 단정 짓지 않게 되었다. 늘 100점을 받던 중2 여학생이 70점을 맞아 깜짝 놀란 적이 있었는데 100점을 맞아야 한다는 긴장감 때문에 시험 도중 손이 떨렸다고 한다. 오한이 들어 답안지에 답을 표시 못 했다는 말에 안쓰러워 잠을 이루지 못했다. 외고를 목표로 했던 학생이었다. 영어 내신은 무조건 올백이어야 한다는 압박감이 있었을 것이다. 긴장감을 풀어 주려고 짬짬이 이야기를 나눴다. 비록 같은 실수를 했지만 더 큰 목표를 이룬 우리 학원 학생들의 실제 경험담을 들려주었다. "진짜 그 언니도 저처럼 그랬어요?"라며 표정이 환해지던 모습이 떠오른다.

06

자녀의 아픔을 외면하지 마세요

ADHD, 난독증 학생들의 증가와 원인

강산이 두 번 변한 세월만큼 학원 운영을 해 왔다. 20년 전, 10년 전, 오늘날의 학생들 태도 변화를 잘 인지하고 있다. 두드러진 변화는 ADHD, 난독증, 학습장애를 겪는 학생 수의 증가이다. 나는 이 원인을 스마트폰과 어머님들의 활발한 사회진출과도 관련이 있지 않을까 조심스레 추측해 본다. 우리 학원의 경우, 20년 전에 전업 어머님들 비율이 70프로 이상, 10년 전까지는 50프로 이상이었으나 지금은 10프로 미만이다. 초보 선생님들도 아이의 행동을 보면 워킹맘 자녀인지, 전업주부 자녀인지, 집에 조부모님 등 돌보아 줄 어른이 있는지를 안다. 어느 분이 돌봐 주셨는지에 따라 학생들 행동에 차이가 난다.

스마트폰의 보급 역시 이런 학습장애와 밀접한 관련이 있다고 생각한다. 학원 경영 시기를 전반 10년, 후반 10년으로 나누어 보았을 때, 후반으로 접어드는 시기에 학생들의 스마트폰 사용이 급증했고 동시에 학습장애 학생들이 비슷한 비율로 늘어났다.

"주말에 뭐 했어?"
"그냥 집에서 누워서 유튜브 봤어요."
"핸드폰 말고 다른 거 한 거 없어?"
"네. 하루 종일 핸드폰 했어요."

매주 월요일마다 하는 질문이고 듣는 대답이다. 평일에도 폰과 한 몸이 되어 새벽에 자는 학생들이 많다. 어머님들께 핸드폰 사용 시간을 줄일 수 있도록 신경 써 달라 말씀드려도 돌아오는 대답 역시 한결같다. 스마트폰 중독으로 어른과의 대화도 두뇌 발달에 필요한 활동도 사라지고 있다. 태어날 때부터 시청각 환경에서 자란 아이의 인지 능력이 고루 발달될 수 있을지 의문이다.

신학기가 되면 새 담임선생님께 아이의 학습 장애를 말씀드려야 할지를 고민하시는 학부모님들이 많다고 한다. 사실을 알렸을 때 도움을 받으셨던 분도 계시지만 그렇지 않은 경우도 분명 있다. 아이에 대해 선입견을 가질 게 염려되실 수도 있다. 나는 말씀해 주시는 것이 좋다. 20대 미혼 원장이던 나는 열정만 앞서 학생을 대하던 시절이 있었다. 15년도 더 지난 일이지만 그 아이를 생각하면 아직도 마음 한 구석이 저려 온다.

마음 아픈 나의 첫 난독증 학생

중1 후반기에 들어와서 1년간 다녔던 남학생이 있었다. 나중에 알았지만 선천적으로 지적 수준이 낮은 아이였다. 난독증이 원인이었다. 노력 부족이라고 생각했고 중1 마지막 기말고사 때 50점을 맞아 화를 냈다. 얼마나 보강을 많이 하고 목이 터지도록 설명을 했는데 이 정도란 말인가! 나중에 어머니께 들으니 그 덩치 큰 녀석이 집에서 목 놓아 울었다고 한다. 상담 때는 분명히 50점이라 하셨는데 진실은 20점을 넘겨 본 적이 없는 아이였다.

초보일 때는 어머님 말씀을 곧이곧대로 들었다. 70프로의 어머님들이 실제 성적보다 부풀려 말씀하신다는 것을 시간이 지나면서 알게 되었다. 우리 학원에 와서 50점을 맞았다고 좋아했는데 정작 선생님은 칭찬 한마디 없이 야단만 쳤으니 얼마나 서러웠을까. 내 입장에서 입학 때부터 50점인 아이였고 정규수업의 최소 세 배 이상의 보충을 했는데도 같은 점수이니 기가 막힐 노릇이었다. 영어 선생님이 제일 좋다며 영어학원만 다녀오면 싱글벙글했다고 한다. 다른 선생님은 지쳐 포기하시거나 무관심했는데 나는 끝까지 붙잡고 가르쳐 준다고 시험 잘 치고 싶다는 말도 했던 아이였다.

어머니께서도 열정 넘치던 나를 좋아하셨고 성적도 30점이나 올랐기에 야단친 것에 대해 서운해 하진 않으셨지만 나는 그 아이가 느꼈을 아픔이 아직까지 남아 있다. 10시만 되면 자야 하는 잠보가 새벽 2시까지 공부했다고 한다. 자기가 좋아했던 영어 선생님이 헐크로 변해 무시무시하게 혼냈을 때의 기분이 어땠을까. 지금은 1분이면 아이들 성격과 역량이 파악되지만 그땐 몰랐다. 그 아이가 노력을 안 한 것이 아니라 난독증인걸 알았다면 칭찬이라도 해 줄 걸.

"K야, 노력해 줘서 고마워. 선생님 기분 최고야!"

모르시는 걸까, 모르는 척하시는 걸까

"우리 애 이번에도 시험 못 봤던데요?"

결제하러 오시면서 한마디 툭 던지신다. 카드는 손에 쥐고서 주실 생각이 없어 보이신다. 수업시간에 끊임없이 손톱을 물어뜯고 머리카락을 입에 넣어 잘근잘근 씹는다. 늘 불안해 보이는 중1 여자아이.

선생님이 말을 해도 전혀 귀담아 듣지 않는다. 5초마다 되묻는다. 처음 상담 시에도 아이 흉을 끊임없이 보던 어머니셨다. '왜 저런지 모르겠어요.' 남의 집 아이 말하듯 말하시는 모습에 적잖이 놀랐다.

평소 어머니 문자 습관이 "K 요즘 잘하고 있어여?" "안녕하세여?"
'요' 대신 '여'로 끝난다. 이런 말투가 청소년들 사이에 유행한 적도 있고 성인도 어쩌다 섞어서 쓰기도 한다지만 40대 중반의 성인이 모든 문장 끝을 저렇게 표현한다는 것이 이해가 안 된다. 아이의 불안정한 행동과 학습결과가 어머니의 행동과 무관하지 않으리라 본다. 아이의 아픔을 가장 보듬어 주어야 할 부모가 진실과 마주하는 것이 두려운지 오히려 외면하고 있으니 아이들 마음이 더 병들어 가는 게 아닐까.

평균보다 지적 능력이 낮은 아이가 한 명이라도 있으면 선생님들의 에너지 눈금은 순식간에 바닥이 보인다. 한 명이 열 명 이상의 몫을 한다. 우리 학원에만 해가 갈수록 ADHD와 난독증 아이들이 늘어나는 걸까를 고민한 적이 있었다. 학원 커뮤니티와 공, 사교육 지인들을 통해 알아본 결과 공통된 현상이었다. 같은 교육비를 받는데 어떤 아이는 하나를 알려 주면 열 개를 응용하고, 어떤 아이는 밑 빠진 독에 물 붓기 하는 기분이 든다. 선생님도 사람인 이상 나를 힘들게 하는 아이보다 보람을 느끼게 하는 아이에게 마음이 간다. 중요한 것은 난독증 아이 학부형이 선생님의 힘듦을 이해하고 협조해 주시면 괜찮다. 그런데 아이의 상태를 아시면서 학습결과가 더딘 것에 대해서만 불평하시면 마음이 멀어질 뿐이다.

6학년인데 2학년 수준의 학습능력을 가진 ADHD와 난독증 학생이 있었다. 한시도 집중하지 못했고 영어를 5년 이상 했음에도 mom, cat, milk 등의 철자도 읽지 못했다. 이 아이를 신경 쓰느라 다른 학생들에게 소홀해졌다. 어머니는 아이 상태에 대해 말하신 적은 없지만 2년 다니는 동안 교육비를 열흘씩 일찍 보내 주셨다. 가르치는 게 힘들다는 것을 누구보다 잘 아시기 때문에 그렇게라도 표현해 주고 싶으셨던 것 같다. 이 분은 적어도 자식의 아픔을 외면하지 않으신 분이다. 어머님의 그런 정성을 느끼면 힘들더라도 기운을 내서 아이를 지도할 수 있다.

07

친구 따라 강남 가실 겁니까?

내 아이 교육의 주체는 옆집 엄마?

부화뇌동(附和雷同)이라는 한자성어가 있다. 사전적 정의는 '우레 소리에 맞추어 함께 한다.'이다. 자신만의 명확한 기준 없이 다른 사람이 하는 대로 따라 하는 것을 의미한다. 자녀교육에서만큼은 부모의 귀가 얇아서는 안 된다. '자식이기는 부모 없다.'고 하지만 교육에서만큼은 양보하지 말아야 한다.

학원을 이삼개월에 한 번씩 바꾸는 분들이 있다. 한 학원에 2년, 최소 1년은 다녀야 학습효과를 볼 수 있다. 아이가 싫증을 내거나 옆집 어머니가 어디가 좋다는 이야기를 듣고 옮기시는 경우가 있다. 학원 자주 옮기는 아이 중에 공부 잘하는 아이를 단 한 명도 본 적이 없다. 정말 단 한 명도!

광고만 보고 등록하시는 분은 전체의 20프로정도이다. 대부분 직접적인 소개나 입소문을 듣고 오신다. 처음엔 전단지, 광고, 블로그를 보았더라도 다른 경로를 통해 한 번 이상 확인 절차를 거쳐서 등록하신다. 한 아이가 등록하면 동생, 같은 반 친구, 사촌, 같은 아파트 주민... 연이어 오게 되는 게 일반적인 동네 학원의 등록 형태이다. 요즘은 서로 얼굴을 모르더라도 맘카페 등에서 정보를 듣고 오시는 경우도 있다. 옆집 아이에게는 좋은 학원이지만 내 아이에게는 그렇지 못할 수도 있는데도 좋다는 곳에 우르르 가는 현상이 많다. 특히 전교 1등하는 아이가 다니는 곳에는 묻지도 따지지도 않고 등록하는 경우도 많다. 그곳은 이미 검증받은 곳이기 때문이다. 학원 선택에 어려움을 겪는 분들은 자녀의 성향을 생각하기보다 남들이 좋다는 곳에 덜컥 보내신다.

나는 자녀교육에 있어서는 Tiger Mom이 되어야 한다는 입장이다. 어머니가 주체가 되어 영어를 접한 아이는 그 방식(엄마표 영어, 과외, 어학원, 내신 학원 등)이 무엇이든 간에 습관이 잡혀 있고 안정감이 있지만 그렇지 않은 아이들은 어디서부터 손을 대야 할지 모를 정도로 학습 결손이 많다. 더 큰 문제는 한 번 생긴 결손은 쉽게 고쳐지지 않는다는 것이다. 초등 고학년은 이미 늦었다. 선생님들이 할 수 있는 최선의 말은 '고쳐 주는 것이 아니라 구멍 난 부분을 보완하도록 노력하겠다.' 이다. 영어든 독서든 아이의 학습 습관에서만큼은 부모가 아이를 이겨야 하고 부화뇌동하지 말아야 한다. 평생을 좌우한다.

첫 영어가 아이의 평생 영어를 좌우한다

흰 도화지에 스케치를 할 때 미리 구도를 잘 잡아 놓으면 실패할 확률이 그렇지 않을 때보다 낮다. 한 번 잘못 그린 후 지우개로 지워도 연필 자국이 없어지지 않는다. 상담을 하면 가장 많이 떠올려 지는 이미지이다.

영어전문 학습지의 양대 산맥인 두 회사가 있다. 한 곳은 듣고 말하기 중심이고 다른 한 곳은 파닉스와 쓰기 중심으로 그 특징이 분명하다. 실제 그 회사의 강점에 따라 학생들의 역량도 나뉘어 졌다. 엄마표 영어, 학습지, 영어유치원, 어학원, 과외, 동네 학원 등 어떤 방식을 처음 접했느냐에 따라 아이의 영어 성향이 결정되어 버리고 성인이 되어서 까지 바뀌지 않는 사례를 많이 보았다. 그나마 실패하지 않는 것이 엄마표 영어이다. 엄마의 영어 실력은 중요하지 않다. 환경을 제공해 주고 아이 공부에 관심을 보여 주는 것이 중요하다. 집에서 듣기 환경을 만들어 주느라 CD 플레이어를 신발장 위에 하나, 거실에 하나, 아이 방에 하나 두시고 배경음악처럼 틈나는 대로 틀어 주신 분이 계셨는데 아이의 영어 실력이 어학연수 다녀온 아이보다 월등했다.

영어 유치원의 명과 암

온라인 카페에서 영어 고민상담을 해 드린 적이 있다. 쪽지로 사연을 받고 이런저런 조언을 드렸다. 보내신 분들의 아픔이 느껴졌다. 대부분이 잘못 끼운 첫 단추에 대한 것이었는데 그 대표적인 것이 영어 유치원이었다. 언어감각과 두뇌회전이 빠른 아이들은 어떤 교육을 시켜도 스펀지처럼 잘 받아들인다. 특히나 영어 유치원이 더욱 그렇다. 영어를 모국어로 받아들인다. 그러나 이해력이 늦어서 하나하나 콕콕 찍어서 모든 것을 알려 줘야 하거나 내성적인 아이들에겐 피해야 할 곳이다. 온라인 상담뿐 아니라 실제 우리 학원에서 만난 학생들에 대입해 보아도 이 공식이 어긋나지 않는다. 부모님 욕심에 남들 다 보내니까 무리해서 보낸 영어 유치원이 내 아이를 병들게 했다는 것을 안 어머님들의 눈물을 보았다. 내 아이만은 영어 벙어리로 만들지 않겠다는 부모의 강렬한 소망이 아이를 그르치는 것을 보았다. 셀 수 없이 많이.

*긍정 사례: 이해력과 암기력이 제법 좋고 누구와도 말하기를 즐

겨하는 아이가 있었다. 외국 거주 경험이 없는데 영어를 모국어처럼 자연스럽게 받아들였다. 영어 유치원 2년과 어학원 1년의 경험의 결과이다. 놀 것 다 놀고 잘 것 다 자도 영어 점수가 우수했다. 고등학교 모의고사 1등급을 유지했다. 자막 없이도 영화 내용을 세세하게 이해하고 하고 싶은 말과 글을 자유로이 사용할 수 있었다. 이런 역량의 아이에겐 영어 유치원이 큰 역할을 해 준 셈이다.

*부정 사례: 국어 및 전반적인 학습역량이 또래보다 3년 정도 낮은 초등학교 3학년 학생이 있었다. 이런 성향의 학생은 국어 읽고 쓰기가 된 상태에서 제2 외국어를 접하는 것이 좋다. 역량에 비해 외국어를 일찍 시작하면 모국어 습득에도 방해가 된다. 초등학교 2~3학년 무렵에 알파벳부터 차근히 시작했어야 할 아이였다. 영어 유치원에 다니면서 원어민 말을 못 알아듣고 한국말은 쓸 수 없으니 내성적인 아이가 더욱 위축이 되었다. 언어·학습 장애를 겪었다. 더 큰 문제는 자존감이 약해서 '나는 누가 말을 하면 못 알아들어요. 나는 머리가 나빠요.' 라는 말을 습관적으로 했다. 자녀의 조기 교육에 관해선, 부모의 욕심을 내세우지 말고 아이의 역량과 성격을 먼저 고려해야 한다.

PART

03

강사 경영

무책임한 강사를 만난 것은
'운'이 나빠서가 아니라 '강사 경영'에 대해
알지 못했던 탓도 있었다.

01

초보 원장, 노동청에 가게 된 사연

직장인, 자영업 심지어 건물주까지도 모두 '인간관계가 가장 힘들다.' 며 아우성이다. 직장인은 동료와 상사가, 자영업자는 직원과 고객이, 아무 걱정 없을 것 같은 건물주도 월세 제때 안 내는 진상 세입자 때문에 나름의 고초를 겪는다.

"강사 다시 뽑고 새로 교육하는 거, 더 이상 지치고 힘들어서 못 하겠어요."

이 말씀을 하시며 폐원 결정을 하신 지인 원장님들이 계셨다. 강사는 학생과 함께 호흡하는 사람이다. 문제가 생겼을 시 학원 경영은 물론 중요한 시기에 있는 학생에게까지 피해가 간다. 한 달 단기 아르바이트생부터 전임강사까지 내가 만났던 강사들 이야기는 '천일

야화' 보다 더 다채롭다.

첫 전임강사가 내게 남긴 상처

2001년 늦가을 나는 무릎까지 오는 검정 가죽 코트를 입고 있었다. 평온한 출근길에 노동청에서 온 짧은 문자 한 통을 받았다. 잘못 온 거라 생각했다. 노동청에 내가 출석할 일이 뭐가 있어? 바로 전화해서 간단히 이유를 들었고 즉시 출석하고 싶다는 의사를 밝혔다.

같은 해 3월 초 30대 중반의 풀타임(2~9시) 전임강사를 처음으로 채용했다. 근로계약서없이 구두로만 계약사항을 주고받았다. 1년 계약이었지만 2주 반 근무했는데 그 짧은 기간에도 각각 2번의 무단결근과 조퇴가 있었다. 제시간에 온 적이 세 번이며 나머진 지각이었다. 무단결근은 갑자기 본인과 어머니가 아파서, 조퇴는 친구 아이 돌잔치가 있는데 깜빡 잊었다며 9시까지 근무인데 6시에 나가며 말했다. 한 번은 점심 먹은 게 체해서 3시에 갔다.

학원 운영하며 알았다. 갑자기 그만두는 강사들은 집안에 우환이 참 많기도 하다! 할아버지, 할머니는 왜 그렇게 자주 입원하시고 아버지, 어머니가 아프시면 모두 본인이 간호해야 하나? 우리나라에

효녀 심청이 이리도 많았다니! 난 스무 살 전후 사 년간 다양한 아르바이트를 했지만 내 책임을 저버린 적 없다. 나와의 약속이니 꼭 지켰고 타인에게 피해 주는 것은 더더욱 싫었다.

근무한 지 2주 반이 되던 날 오늘부터 출근 못 한다는 문자가 왔다. 어머니가 허리디스크가 심해 돌봐드려야 한다는 내용이었다. 황당했지만 못 나오겠다는 사람, 무엇보다 근무태도가 불량했던 사람이었다. 학생들이 피해볼 수 있으니 오히려 잘 된 일이라 생각했다. 제대로 근무한 적 없고 민폐만 끼쳤지만 급여를 계산했다. 총 2주 반의 근무일수 중에 무단결근 이틀 분과 무단 조퇴해서 일찍 간 시간만큼 공제했다. 나도 그 사람도 당연히 그래야 한다고 생각했고 훈훈한 덕담으로 마무리했다. 3월 말에 그 강사가 그만두고 어떠한 연락도 없었는데 늦가을에 노동청에서 문자를 받았다.

드디어 삼자대면의 시간

감독관, 나, 7개월 여 만에 보는 그 강사는 내 얼굴을 똑바로 보질 못했다. 출석할 때 강사의 근무일지를 적어 갔고 감독관은 강사에게 사실인지 물었다. 의외로 순순히 무단결근과 조퇴, 잦은 지각을 변명 없이 시인해서 놀랐다. 법원은 아니었지만 근로감독관이 앉아 계시니 거짓말을 할 수 없었던 모양이다. 30대 중반으로 보이는 여성 감독관은 강사에게 물었다.

"지금 학원에서 근무하세요?"

"네"

"어느 지역, 어느 학원인지 이름 대세요."

"……"

"왜 못 대시죠? 그 학원에서도 그렇게 행동하시나요?"

"……"

내게는 이렇게 말하셨다.

"근로계약서 잘 적으세요. 계약서가 있어야 부당한 일 덜 당하십니다. 근무가 태만했어도 전임강사로 채용했다면 그에 맞는 급여를 지불해야 합니다."

전임으로 채용했지만 시간제 강사처럼 실제 일한 시간만큼 지급했는데 그게 잘못이었다. 그만두고 나서 몇 달이 지나 더 받을 수 있다는 것을 알게 되었던 것 같다. 난 몰랐다. 억울했지만 법이 그렇다니... 미지급한 급여는 십만 원 초반. 지급일을 알려 주셨지만 감독관과 강사가 보는 앞에서 바로 전화 이체했다.

감독관은 내게 바로 가도 좋다 하셨는데 강사에겐 남으라 했다. 일어나 돌아서는데 감독관이 나무라는 소리가 들렸다. 십 몇만 원에 이런 행동을 하냐고 다른 곳에선 이렇게 하지 말라고. 당사자들끼리 분쟁이 해결되지 않을 시 노동청에 조정 요청하는데 내 경우는 3월 말 퇴사 후 아무 연락이 없었고 감독관도 이 부분에 대해 황당함을 표했다. 그 강사는 왜 내게 단 한통의 문자도 없이 바로 고소했을까? 본인의 행동이 떳떳하지 못하니 요구하지 못했던 것일까? 아니면 본인보다 어린 원장이 우스워 보였나?

참 알 수 없는 그것

중고등학교 시절 밥그릇 바닥이 드러나는 게 두려워 밥알을 세며 천천히 먹었어도 오로지 돈을 위해 일하지 않았다. 돈에 휘둘리지도 않았다. 감독관의 꾸짖음에 바로 눈물을 떨구는 사람이 어떻게 돈 앞에선 그리 용감할 수 있어? 참 알 수가 없다. 돈 앞에서 변하는 사람의 모습을. 법 없이도 살고 남에게 먼지만한 해도 끼치고 싶지 않은 내겐 깊은 상처로 남아 20년 가까이 지났지만 또렷이 기억난다. 그때의 날씨, 입었던 옷, 근로감독관과 그 강사가 했던 말과 표정이 뇌리 한구석에 새겨져 있다. 그 후로 더 한 강사도 많이 겪었지만 내가 아파 병원을 내 집처럼 드나들었을 때 나 대신 학생들의 보호자가 돼 주신 분들도 계셨다. 그들이 있어 천직이라 믿는 일을 20년 넘게 할 수 있는 것이다. 오늘도 꿈꾼다. 원장과 강사 모두 행복한 학원 만들기를.

02

강사 경영의 시작은 원장부터

학원 운영의 철칙이 있다. 학원 문은 내가 열고 내가 닫는다. 병원 업무와 대학원 수업으로 내 의지대로 시간을 조절할 수 없을 때를 제외하고 이를 지켰다. 나 자신과의 약속을 지켜야 강사와 학생에게 떳떳할 수 있기 때문이다. 일할 때는 빈틈을 보이지 않았지만 일상에서는 덜렁대고 사람 좋아하고 퍼 주는 것을 좋아한다. 정이 많아 나눔을 많이 하는 것이 오히려 독이 되는 경험을 여러 차례 겪었다. 그 후엔 업무적으로 해 줘야 할 것만 확실히 했다. 믿는 도끼에 더 이상 발등을 찍히고 싶지 않았다.

막 퍼 주던 원장이 변하게 된 사연

"원장님, 강사들한테 너무 잘해 주지 마세요."

3년 근무하신 강사가 근심 가득한 표정으로 무언가 할 말이 있는 듯 말을 꺼냈다. 강사들끼리 식사를 했는데 근무한 지 곧 한 달이 되는 신입 강사가 원장님이 월급 잘 챙겨 주시냐고 물었다고 한다.

　"그건 확실하세요."

　"저 한 달 채우고 월급 받고 바로 안 나올 거예요. 원장님한테 말 안 하실 거죠?"

　동료 강사들이 이렇게 짧게 근무하실 거 왜 지원하셨냐고 하니 원래 한 달 할 생각이었고 편의점이나 카페보다 급여가 좋고 편해서라고 대답했다고 한다. 이 일을 전해 주신 분은 신입강사가 진짜 그럴 줄 몰랐다며 늦게 말한 것을 미안해 하셨다.

　참으로 당돌한 강사를 수도 없이 만났다. 왜 원장들이 급여를 열흘 뒤에 주는지 알게 되었다. 나는 한 달 되면 그날 아침에 바로 입금했었다. 급여 받고 바로 안 나오는 사람들은 미안해하지조차 않는다. 어떤 강사는 "면접 때는 원래 오래 근무한다고 누구나 그러잖아요?" 나한테 되묻기도 했다. 그렇다. 이렇게 말할 수 있으니 그런 행동을 하는 것이다.

　우리 학원에서 겨우 2주 아르바이트를 했던 명문대 영어교육과 학생이 있었다. 여름방학특강으로 일손이 모자라서 두 달간 채용키로

했다. 2주 근무 후 2주분 급여를 먼저 주실 수 없냐며 사정이 급하다 했다. 처음 있던 일이라서 그렇게 했다. 다음 날, 여행가야 해서 못 나 온다는 문자 한 통이 왔다. 연락조차 없던 사람들도 있었으니 문자라 도 보내니 고마워 해야 할 노릇이다. 1년 뒤인가. 이 여대생이 학원 강 사 구인 플랫폼에 올린 글을 우연히 보게 되었다. 우리 학원에서 전임 으로 2년간 중학생을 가르쳤다고. 난 글을 보고 바로 전화해서 "당신 이 근무했다던 그 학원 원장인데, 내 기억에 당신은 2주 근무하고 여행을 간다고 당일 출근하지 않았다. 적어도 학생들 가르칠 생각이라면 이런 짓 하지 말라."라고 경고했다. 전화 끊고 바로 확인하니 해당 글이 사라 져 있었다. 강사들을 향한 내 온기도 점차 없어져 갔다.

좋은 선생님과 함께 일하는 건 '운' 일까

면접에서 아무리 이것저것 따져서 뽑아도 악연인 경우가 있었고, 기대 없이 급하게 채용했는데 좋은 인연으로 오래 함께 하신 분도 계 셨다. 그래서 좋은 선생님 만나는 것은 운이라 생각했다. '강사 경영' 이라는 개념 자체가 없었다. 나는 우리 선생님들께 더 좋은 대우를 해 주면 그만큼 나와 학생들에게도 그리 할 거라 생각했지만 내 착각이 었다. 오히려 나의 '베푸는 성격'을 역이용하는 경우가 종종 있었다.

"어버이날에 선생님들 부모님한테도 선물과 케이크를 보내는 원장님 이라면 충분히 이해해 주실 거라 생각했어요."

믿었던 선생님이 갑자기 출근을 안 했고 그 어머니가 전화로 하신 말씀이다. 혹시나 해서 본 기업체 면접에 합격을 했고 예상보다 빨리 신입연수를 받게 되었다고 한다.

'나는 도대체 누구를 믿어야 해?'

'Luck is the residue of design.' 운은 계획에서 비롯된다.(브랜치 리키 Branch Rickey) 영어 참고서에서 이 문장을 보고 머리를 한 대 얻어맞은 듯 했다. 학원 운영 경력 5년차 무렵까지 강사와의 트러블은 운이 나빠서라고 생각했다. 내게는 문제가 없을까? 냉정히 바라보았다. 행운도 계획을 세우고 준비한 자에게 찾아오는 것이었다. 나는 노력은 하지 않으면서 그냥 하늘에서 뚝 떨어지기를 바랐다. 좋은 강사를 만나고 싶다면서 나는 어떤 노력을 했고 얼마나 지속했나? 채용광고내고 면접 보는 것 외에는 한 일이 없었다. 운을 탓하지 말고 채용 전부터 퇴사까지 강사 경영에 내 노력을 훨씬 더 보탰어야 했다.

원장이 말 안 하면 강사는 모른다

창업부터 5년 차까지 가장 잦았던 시행착오가 있다. '성인인데 이 정도는 말 안 해도 알아서 하겠지! 이런 것까지 콕콕 찍어서 알려 주어야 해? 너무 간섭하는 것은 아닐까? 기다려주면 어련히 알아서 할 텐데...깐깐한 원장으로 보이고 싶지 않아.' 누가 시키지 않아도 무엇이든 알아서 먼저 했던 나는 이 생각이 무척 강했었다. 그래서 태도가 바뀔 때까지 혼자만 속앓이를 했다. 결과는...내가 말하기 전까지는 그대로였다.

1대 1 자기주도학습 시스템이 주 프로그램이었던 우리 학원은 학생이 몰리지 않는 시간엔 한 타임에 1~2명만 있을 때가 있었다. 그 시간에 개인 책을 읽거나 공부하는 강사들이 있었다. '그럴 수도 있지, 너무 빡빡하게 일만 하실 필요 있나. 할 일 다 하면 개인 시간 조금 가질 수도 있지!' 배려 차원에서 야박하게 말하기가 어려웠다. '그러다가 스스로 깨닫고 그만두실 거야.' 이것은 어디까지나 내 생각이었다. 원장이 지적하지 않으면 모른다. 속으로 끙끙 앓지 말고 말을 하자. "근무시간에는 개인적인 업무는 지양해 주세요." 아니나 다를까 "원장님이 별말씀 없으셔서 그래도 되는 줄 알았어요."

나를 도와줄 사람으로 강사를 채용한 것이지만, 신입 학생이 적응할 때까지 관심있게 지켜봐야 하듯이 강사도 우리 학원의 규칙을 몸에 익힐 때까지 그렇게 해야 한다. 원장의 명확한 지침이 담긴 말 한마디가 강사의 업무 효율도 높이고 원장의 스트레스도 줄인다. 이것이 강사 경영의 기초이다.

03

원장의 색을 먼저 찾아라!

초창기 강사 경영에서 내가 저지른 실수가 있다. 바로 나만의 확고한 강사 관리지침이 없고 강사들의 개성을 존중해 준다는 이유로 그들에게 권한을 많이 주었다. 특히나 경력이 많은 강사에게는 그들이 가진 장점을 최대한 발휘할 수 있도록 수업 진행에 관해 깊이 관여하지 않았다. 능력 충만한 강사를 뽑아 우리 학생들에게 최고의 교육을 주고 싶었다. 카리스마 있기로 소문이 자자한 나였지만 강사 경험은 없었기에 나만의 색이 아닌 일곱 빛깔 무지개 색을 가진 강사들의 색에 나를 맞추었다. 여러 강사들을 겪고 나서야 우리 학원에 맞는 강사의 색, 즉 나의 색을 찾아갈 수 있었다.

원장보다 개성이 강한 강사

나보다 나이가 많은 30대 초반의 8년 경력의 노련한 강사를 뽑았다. 학원을 일찍 차려서 나보다 나이가 어린 강사는 대학생 밖에는 없었다. 한눈에도 유창한 발음과 열정이 넘쳐 보였고 아이들을 휘어잡을 카리스마를 갖추어서 그 당시 평균 강사 급여보다 1,5배를 더 주기로 하고 채용했다. 내 성격과 비슷한 면이 많은 것도 마음에 들었다. 프로페셔널하게 수업을 이끌어 가셨지만 정작 학생들은 적응하지 못했다. 몇몇 내성적인 아이들은 선생님의 지나치게 활발하고 열정적인 모습에 주눅이 들었다. 집에 가서 무섭다고 했다 한다. 한 어머님께서 전화 오셨다.

"새로 오신 선생님이 굉장히 파워풀하신 거 같아요. 나는 좋은데 우리 애는 적응이 안 되나 봐요."

한 달이 지나지 않아 이런 전화 세 통을 더 받았다. 선생님은 경력에 비해 수업의 무게가 가볍다고 여겼는지 수업 중에 이어폰을 끼고 음악을 들으며 수업을 했다는 사실을 알게 되었다. 학생들 말로는 고개를 까딱까딱하며 발장단까지 맞추었다 한다. 그 사람의 성격상 충분히 그럴 수 있을 거란 생각에 들어 사실여부를 물었다. 학생들이 본인의 수업 방식에 적응하지 못하는 것 같아 고민이었다고 말했고 수업 중에 이어폰을 끼고 음악을 들으며 수업한 것에 대해서는 인정하고 사과했다. 그것으로 그 선생님과의 계약을 종료했다.

마음이 여린 강사

지나치게 와일드한 강사를 채용했던 경험 때문에 반대 성향의 조용조용하시고 책임감 강해 보이시는 분을 채용했다. 이번에는 선생님이 학생들 때문에 힘들어하시는 상황이 발생했다. 초등학교 고학년만 되어도 선생님 머리 꼭대기에 앉으려고 한다. 무서운 선생님 말씀은 잘 듣지만 그렇지 않은 분들에겐 예의 없는 행동도 서슴지 않는다. 내 앞에선 순한 양이 되지만 착해 보이는 선생님에게는 정반대의 모습을 보인다.

학부형들이 나를 좋아하는 이유 중의 하나는 다른 학원에서는 말을 안 듣는데 우리 학원에서는 내가 무서워 얌전히 공부해서이다. 유치원생도 선생님 성향 봐가면서 행동한다. 학원 관계자 온라인 카페에서 선생님이 학생들을 못 이겨서 반이 통째로 없어졌다는 글을 본 적이 있다. 학원을 막 시작할 때는 얼마나 선생님이 무능하면 초등학생을 못 휘어잡나...라고 생각했다. 하지만 이런 일이 얼마 지나지 않아 우리 학원에도 찾아왔다.

성품이 온화하고 여리셨던 선생님은 아이들이 천사라고 생각하시는 분이셨다. 이전 근무지에서 초등학교 1, 2학년들을 주로 담당했고 우리 학원에서 초등 5, 6학년을 처음 맡았는데 학생들의 온도차가 크셨던 모양이다. 어느 날 눈물이 글썽하신 채로 퇴사하고 싶다는 뜻을 전해 오셨다. 모든 것이 마음에 들었던 분이라 잡고 싶었지만, 그 분의 마음고생이 느껴졌고 미리 힘든 점을 개선해 주지 못한 나에게 화가 났다. 선생님을 이기려고 기를 쓰는 사춘기 남자아이들이 얼마나 버거우셨을까.

나는 세심하게 강사 경영을 하지 못했다. 와일드하고 카리스마 있는 선생님을 초등 저학년부 담임으로 채용했고 여리디여린 분을 사춘기 반항아들이 많은 반에 배정해 드렸다. 성향에 맞추어 배정해 드렸더라면, 가지고 계신 강점을 발휘해서 수업을 이끌어 갈 수 있었다.

나의 색이 물들게 하다

'훌륭한 자격을 갖춘 강사는 많지만 우리 학원에 안성맞춤인 강사는 드물다.'

채용 후의 강사 경영에 대해서도 진지한 고민을 시작했다. 학원 경영의 또 다른 주체 중의 하나인 선생님들을 학원에 올인할 수 있게 하려면 어떻게 해야 할까? 내가 강사라면 어떤 학원에서 근무하고 싶을까?

답은 내가 먼저 행동하여 직접 본을 보여주는 것이었다. 학부형과 학생들에게 어떻게 대해야 하는지, 학생 성향에 따라 어떻게 지도해야 하는지, 그러니 나의 색이 강사들에게도 서서히 물들어 갔고 학원은 안정화되었다. 원장이 직접 나서지 않으면서 강사들이 학원에 적응하기 바라는 것은 무책임하다. 아이는 부모의 거울이라고 외치면서 강사는 원장의 거울이라는 것을 외면했다. 채용하고 나면 스스로 잘할 것이라 여긴 적도 있다. 강사들이 나의 색, 우리 학원의 색을 가지길 바라면서 그 방법에 대해 나누지 않았다. 면접 보고 채용하는 과정도 피곤한 일이니 채용한 순간부터는 강사가 다 알아서 하길 바라는 마음도 있었다.

경영 5년 차가 넘어가면서부터 1주일에 한 번 미팅을 하고 수업 피드백을 주고받으며 투명한 커뮤니케이션의 자리를 만들어 갔다. 굳이 할 필요가 있을까, 괜히 선생님들도 성가시게 생각하지 않으실까, 미루고 미루던 미팅을 학원의 한 프로그램으로 체계화시켰다. 정기적으로 소통하며 가장 중요한 급여 문제와 선생님들과의 작은 약속도 철저히 지켰다.

04

신뢰가 기본이다

신뢰는 사람 관계의 기본이다. 단골 음식점을 이용하는 것은 그 사장님과 음식에 대한 신뢰 때문이고 애용하는 생필품도 그 회사 제품에 대한 믿음이 있어서이다. 학원은 100프로 사람 관계이다. 원장, 강사, 학생, 학부모가 서로 얽혀 있어서 더욱 민감하며 손에 잡히는 상품이 아니라서 더욱 그렇다. 특히 원장과 강사는 한 울타리 안에서 같은 목적을 향해 함께 달려 나가야 하는 관계다. 어느 한쪽만 노력해서는 안 된다. 학부형이 컴플레인을 하시거나, 학생들로 인해 트러블이 있을 때 객관적 입장에서 귀 담아 듣고 선생님의 입장이 되어 드렸다.

선생님 기 살려 주는 원장

다른 것은 다 만족하는데 학생관리가 힘들어 그만두시는 선생님들이 계시다. 그럴 때는 원장이 선생님 편을 들어주어야 한다. 내 사업인데도 모든 학생들이 항상 예쁘지는 않은데 계약 관계인 선생님은 어떠하시겠는가!

개성 강한 학생들이 한 자리에 모여 있다. 부모조차 두 손 두 발다 드는 그런 학생들도 있다. 버르장머리 없는 학생이 있어도 야단치면 혹시나 그만두지 않을까, 어머님한테 전화 오는 것은 아닐까, 그래서 학원에 손해를 끼치는 것은 아닐까 등 이런 문제로 끙끙 앓으며 힘겨워하는 강사가 적지 않다. 어느 반에나 힘든 아이는 있기마련인데 그 한 아이로 인해 모든 것을 그만두고 싶어 하신다. 나도 겪어 봤고 선생님들은 그 몇 배로 힘에 부치실 수밖에는 없다. 교실에서 대소변 보는 아이도 봤고 내게 의자 집어던지려는 아이도 겪었다. 정말 저런 일이 학원에서 벌어질까? 그렇게 고약한 아이들이 있을까? 무엇을 상상하든 그 이상의 일이 벌어졌다. 그렇기에 언제 어떻게 일어날지 모르는 일을 전부 선생님 잘못으로 화살을 돌려서는 안 된다. 채용한 것으로 원장 할 일을 다 했다고 생각하는 것은 금물이다.

"버릇없는 아이가 있으면 퇴원 걱정하지 마시고 따끔하게 혼내세요. 컴플레인 오면 제가 해결하겠습니다."

전체 미팅이 있는 날이나 개별 면접이 있을 때 선생님께 전하는 말이다. 선생님 편을 들어주고자 말로만 그러는 것이 아니다. 학원 방침을 그렇게 정하고 따르지 않은 학생들은 지도하지 않기로 했다. 물론 입학상담 시 미리 공지해 드린다. 원생이 그만둬서 수입이 줄어들까 봐, 학부형 컴플레인이 두려워 선생님의 힘듦을 외면해서는 안 된다. 아이가 잘못하지도 않았는데 그날 기분에 따라 본인의 스트레스를 푸는 자질이 덜 된 강사들을 제외하고는 선생님 편에 서 주어야 한다. 실제 이렇게 했을 때 안정감 있게 업무를 보셨고 무엇보다 표정부터 밝아지셨다. 학생들 앞에서 선생님 기를 살려 주어야 한다.

교실 창문 너머로 수업 모습을 보는데 초등학교 6학년 남학생이 불손한 태도를 보였고 선생님은 어쩔 줄 몰라하셨다. 수업 중간에 들어가는 것은 예의가 아니나 '똑똑' 노크를 하고 들어가 그 아이에게 말했다.

"너, 선생님께 이런 행동하는 것은 나한테도 그러는 것과 똑같아. 내 말을 듣지 않는 학생은 내 학원에 다닐 수 없어. 처음 입학할 때 말했잖아. 우리 학원 규칙을 지킬 학생만 가르치겠다고."

이 학생의 불량스러운 태도는 어머님께서도 인정하셨고 이미 여러 차례 말씀드렸었기에 퇴원해 줄 것을 요구했다. 그 후로 그 학생은 순한 양이 되어 선생님께도 예의 바르게 행동했고 성적도 덩달아 올랐다. 무서운 나에게는 방글방글 웃으면서 만만한 선생님 앞에서는 돌변하는 학생들이 의외로 많다. 열심히 하고자 하는 선생님들의 자존감을 무너지게 하는 일이 있다면 원장이 나서서 개선해 주어야 한다. 그래야 원장과 학원을 믿고 일하실 수 있다. 이것이 관계의 기본이다.

선생님의 자기 계발에도 관심 갖는 원장

나는 배움을 즐기는 사람이고 거기서 에너지를 많이 얻는다. 출근 전 집에 있다가 일을 시작하는 것보다 아침부터 부지런히 움직여 운동이던 공부를 하고 학원을 열면 그렇게 기분이 상쾌할 수 없다. 그 느낌이 하루 종일 지속된다. 그래서 우리 학원 선생님들의 취미생활과 배움에도 관심이 많고 업무에 지장이 없는 한 지지해 드린다.

대학원을 다니고 싶어 하는 분이 계셨다. 계속 일을 하고 싶으신데 시간이 맞지 않아 고민을 하시는 눈치셨다. 학교와 학원 모두 몰두하실 수 있도록 대학원 졸업하실 때까지 학원 일정을 조정해 드렸다. 학원업무에 더 열심이셨던 것은 물론이다. 논문 통과를 하신 날 이런 말씀을 해 주셨다.

"제가 대학원 마칠 수 있었던 것은 오로지 원장님 덕분이에요."

3년을 더 근무하시고 유학으로 퇴사하셨는데 그때 이야기를 지금도 하신다. 안정적인 급여를 받으며 학업도 이어갈 수 있어서 고마움이 오래 남아 계셨던 것 같다. 근무 연차에 따라 성실하신 분들께는 자기 계발비를 별도로 지급해 드렸다. 수강료를 일부 지원해 드리거나 카페에서 정기적으로 스터디를 하시는 분께는 카카오톡 선물을 보내 드렸다. 막 퍼 주던 원장 시절의 가슴 시린 경험 때문에 강사들과 거리를 두게 되었지만, 적어도 짧지 않은 기간 우리 학원과 함께 했던 분들에게는 대기업만큼의 복지는 아니라도 마음에서 우러나는 믿음의 표시는 제공해 드리려 노력했다.

원장과 강사, 돈으로 묶인 계약 관계인 것은 맞지만 그 바탕은 내가 뽑은 사람에 대한 믿음이다. 그것이 깨진 적도 무수히 많아 마음을 닫고 학원을 운영했던 세월도 있었다. 열심히 하는 선생님을 보고도 '이러다가 언젠가 더 좋은 직장이 나타나면 하루아침에 그만두겠지. 잘해 줄 필요 없어. 한두 차례 당한 것도 아니잖아!' 하며 격려에 인색했다. 일부러 그렇게 했다.

그런데 거리를 두고 냉정해지니 학원 운영이 재미가 없어졌다. 즐거움이 빠졌다. 스트레스는 줄었지만 내면의 활기도 동시에 잃어 갔다. 사람 관계, 특히 강사들과의 관계에서 상처받지 않으려고 발버둥도 쳐 보았다. 누구도 믿지 못하는 것은 결국 나를 가둬두는 것임을 알게 되었다. 믿음의 끈이 돈의 인연보다 더 탄탄할 수 있고 위기에 닥쳤을 때 큰 힘을 발휘하기도 한다. 서로 맞추어 가며 좋은 선생님이 될 수 있도록 그 거친 과정을 감내하고 즐겨야 한다.

이런 분과 함께하고 싶다

초중등부 위주 학원은 스타성이 있거나 뛰어난 스펙을 자랑하는 분보다 가르치는 일을 좋아하고 학생에게 애착이 있는 분이 선생님으로서 적합하다. 실제 퇴사하고 나서도 소식을 전하는 선생님들은 이 두 가지 공통된 자질을 가지고 계셨다.

7년 근무하신 초등 전임 선생님이 계셨다. 토익 500, 비 영어전공, 어학연수 경험도 없으셨다. 영어 발음도 좋은 편이 아니셨다. 대학을 갓 졸업하고 학원 근무 경험이 없는 분이었는데 학생들을 가르치고 싶다는 열의가 많이 느껴졌다. 밝은 인상과 조부모님과 함께 거주한다는 것이 마음에 들어 채용했다. 영어 실력이 좋은 편은 아니셨지만 초등부 담당하시기에 무리가 없으셨고 아이들 한 명 한 명에게 관심을 가지고 고민을 많이 하시는 분이었다. 출근을 하면 눈을 반짝이시며 담당 학생을 어떻게 지도할지, 그 아이 어머니 성향은 어떠신지 물어보곤 하셨다. 수업 중에는 내가 그랬던 것처럼 학생에게서 눈을 떼지 않으셨다.

바로 이런 선생님이어야 한다. 학생에게 눈을 떼지 않는 사람. 신종플루로 휴원했을 때 3단 찬합 도시락을 싸 오셨고 병원일로 자리를 많이 비우는 나대신 학원과 학생들을 굳건히 지켜 주셨다. 내가 아프다는 걸 아셨을 때 나보다 더 우셨던 분. 결혼을 하시며 퇴사하셨지만 10년이 지난 지금도 연락을 한다.

05

햄릿의 딜레마보다 더 깊은 고민

사람은 자기 위치에 따라 말과 행동이 변하기 마련이다. 강사였던 사람이 원장이 되면 어떻게 될까? 강사 시절에 마음에 안 드는 원장의 모습을 보고 '나는 그러지 말아야지.' 라고 마음먹지만 자기도 그대로 한다. 사람이 나쁜 것이 아니라 어떤 관계로 만나느냐가 중요하다.

내가 아끼는 학교 후배가 우리 학원의 강사로 근무한다면 과연 끝까지 좋은 관계를 유지할 수 있을까? 나는 아무리 급하더라도 아는 사람을 채용하지 않는다. 소개받지도 않는다. 구직 사이트를 통해서만 채용한다. 믿었던 사람에게 실망하고 관계가 틀어지는 것보다 몰랐던 사람에게 상처받는 것이 그나마 덜 아프고 빨리 회복할 수 있다. 학원가에는 불문율이 하나 있다. 근무했던 학원 근처에는 차리지 말라는 것이다. 차리려면 1년 이상이 지나거나 거리가 어느 정도

떨어져 있어야 한다. 이를 계약서에 명시하기도 한다. 학원장들이 가장 아파하는 것이 아끼던 강사가 학생들을 데리고 나가 근처에 학원을 차리는 것이다. 나도 같은 경험이 있다.

열 길 물속은 알아도 한 길 강사 속은 모른다

항상 방글방글 웃는 강사가 있었다. 일처리 또한 야무지고 빈틈없었다. 평상시에도 애교 있는 말과 행동으로 학원 분위기를 한층 밝고 부드럽게 해 주었다. 학원 운영 10년 차부터 줄어들기는 했지만 그전에 선생님들과 식사를 자주 했다. 선생님들의 가족과 친구들이 학원 근처에 오면 같이 인사하기도 했다. 이 미소 천사 선생님의 남자 친구와도 저녁을 함께 한 적이 있었다. 그 후에 그 사람이 학생들 먹으라고 치킨을 보내 주었다. 수많은 선생님을 만났지만 선생님의 남자 친구가 치킨이나 간식을 보내 준 적은 없었다. 그러니 그 선생님을 얼마나 이뻐했겠는가!

2년이 지났을 무렵 결혼 준비로 갑자기 그만둔다고 했다. 신랑 집이 지방이라서 출퇴근이 어렵다고. 오래 근무하기를 바랐지만 좋은 일로 그만두는 거라 퇴직금에 축의금까지 챙겨 주었다. 한 달이나 지났을까. 학원 근처, 우리 학생들이 사는 아파트에서 공부방을 한다는 걸 알게 되었다. 학생들이 '그 잘 웃는 선생님 우리 아파트에서

봤어요.' 라고 제보해 주었다. 믿지 않았다. 학생들이 잘못 본 것이라 생각했다. 뻔히 들킬 일을 왜 할까 싶었다. 전화를 했는데 없는 번호라고 했다. 하늘이 노래지고 주저앉고 싶었다. 어지러워 책상에 엎드려 한참을 가만히 있었다. 집이 학원 근처도 아니었다. 시기 상, 퇴사하기 전부터 이미 학원 옆에 공부방을 차리기로 마음먹었던 것이 확실하다.

처음에는 놀라움, 배신감 그리고 허탈함이 휘몰아쳤다. 온갖 생각들로 머릿속이 벌집 쑤셔 놓은 듯 엉망이 되었다. 그 강사 눈에는 원장 일이 쉬워 보였을까. 가만히 앉아서 자기가 수업한 대가로 거저 돈을 번다고 생각한 걸까. 학생 열 명만 가르치면 쉽게 월급이 나오겠구나! 싶어 욕심이 생기게 된 걸까. 내가 정말 좋아하고 인성이 훌륭하다고 생각했던 사람이, 모든 원장들이 가장 힘들어하는 일을 저질렀다.

그러다 정신이 번쩍 들었다. '내가 왜 그런 사람 때문에 괴로워해야 하지?' 냉정히 생각해 보았다. 학생은 자기를 가르치지 않는 어려운 원장보다 이야기를 들어주고 눈 맞춰 주는 강사를 더 따랐을 것이다. 한참이 지나 길에서 그 강사를 보았다. 백 미터 앞에서 마주 보고 걸어오고 있었는데 나를 보자 불안한 표정을 지으며 고개를 돌리며 지나갔다. 나는? 아무렇지 않았다.

나쁜 경험도 내게 주는 교훈은 반드시 있고 더 성장할 수 있는 발판이 된다. 그 일을 계기로 원장과 강사의 관계를 더 냉정히 바라보게 되었다. 학생관리를 전적으로 선생님에게 맡기지 말 것, 그리고 가족 같은 관계가 아닌 계약 관계라는 사실을 기억해야 한다. 그 사람에게서 일어날 수 있는 상황을 예측하고 대비(근로계약서에 기록)해서 시스템을 구축해 놓는 것이 피해를 최소화하는 길이다.

원장 잘못도 있다는 것을 인정하자

일에 있어서는 내가 옳다고 생각했다. 누구보다 객관적이고 사리 판단력이 분명하다고 믿었다. 학원 운영자로서 이것은 큰 장점이었다. 학부모님은 균형이 확실한 나를 시간이 갈수록 신뢰하셨다.

문제는 선생님들과의 갈등이었는데 그 원인이 내 이런 성격과 무관하지 않다는 것을 학원 운영 5년이 지나고 나서야 인정하기 시작했다. 그 전에는 선생님들의 잘못만 눈에 보였고 내 마음 같지 않은 그들의 무책임함에 원망이 많았다. 내 상식에서 이해되지 않는 것은 배척하려 했다. 개인차를 조율해 가고 합의점에 도달하는 과정이 시간이 많이 걸리고 정신적으로 피곤해서 내 방식대로 했다. 업무 외적으로는 인간미 폴폴 풍기는 사람이었으나 일에서 만큼은 철두철미했다. 실수를 자주 지적하다 보니 마찰이 생겼다. 아주 어려서부터 스스로 결정하고 선택한 것에 대한 책임 역시 내가 감당했다. 그런데 나와 다른 사람들도 많다는 사실을 수많은 갈등과 아픔을 겪은 후에야 인정하게 되었다. 내가 옳다고만 믿었던 것, 고집과 자기주장이 강한 것이 상황과 사람에 따라서는 큰 단점이 될 수 있었다.

네모가 동그라미가 되는 데는 시간이 필요하다. 숱한 잠 못 이루는 세월을 겪어 내고서야 운영자로서 중심은 지키되 선생님들과 갈등이 생겼을 때 열린 마음으로 합의점을 찾아 해결할 수 있게 되었다.

06
—

강사가 진정 원하는 것

학원 강사뿐 아니라 모든 직종을 막론하고 종사자들이 그 직장과 대표자에게 원하는 것이 무엇일까? 영화 《인턴》에 나오는 직원 '베키'의 대사를 통해 알 수 있다.

"제가 여기 온 지 9개월이나 되었는데 대표님은 제게 어느 일도 제대로 맡기질 않는다구요, 알아요? 저는 펜실베이니아 대학교를 졸업했어요. 경영학 학위도 있구요. 하지만 여기서 아무것도 못하고 있었어요. 제 말은, 저는 대표님을 위해 14시간을 여기 앉아서 일하는데 대표님은 알아채지도 못하세요."

하루 종일 동동거리며 일 더미에 쌓여 일을 하지만 그건 굳이 대학을 졸업하지 않아도 되는 '누가 해도 되는 단순 업무'였다. 그 회사

대표는 직원을 뽑아 놓고 그에 맞는 일을 시키지도, 정확히 어떤 일을 하는지도 관심이 없는 상태이다. 이 말을 들은 70대 시니어 인턴 '벤'은 사장 '줄스'에게 '베키'가 잘해 낼 수 있는 일을 맡기도록 조언한다. 영화에서 큰 역할을 하는 장면이 아님에도 내게는 인상 깊었다. 이와 비슷한 말을 실제로 들은 적이 있었다. 갑자기 그만두는 강사들이 연이어 생겨서 나는 예비 강사를 항상 뽑아 두었다. 메인 강사의 보조 업무를 수행하다가 문제가 생길 시 바로 수업에 들어갈 수 있도록 준비시켰다. 그런데, 그 예비 강사가 그만두며 이런 말을 했다.

"제가 아닌 누구라도 이 업무는 할 수 있어요. 제가 꼭 필요한 존재가 아닌 거 같아요. 저를 꼭 필요로 하는 곳에서 일하고 싶습니다."

일에서 보람과 가치를 느낄 수 있도록 업무 배정을 했어야 했는데 서툴렀다. 영화 속 사장과 다를 바가 없었다. 사람을 뽑아 놓기만 하고 활용할 줄을 몰랐다.

'당신이 꼭 필요해' VS '당신 아니라도 괜찮아'

원장의 역할은 선생님이 자신의 능력을 십분 발휘할 수 있도록 협조하고 배려하고 기다려 주는 것이다. 우리 학원에 필요한 사람이라는 인식을 심어주어야 한다. 그 사람이 가장 잘할 수 있는, 차별화된 강점을 찾아 의욕을 북돋아 주어야 한다. 누구나 능력을 마음껏 발휘할 수 있고 인정받는 곳에서 일하고 싶어 한다. 직장인들이 회사에 바라는 것이 복지와 충분한 급여인데 학원은 이 두 가지가 불안정하다. 급여는 몇 시간을 일하고 가르치는 대상이 누구냐에 따라 기업체 급여보다 많을 수 있지만 복지 문제는 대형학원이 아니라면 열악한 것이 사실이다. 학원 강사들은 다른 일 보다 가르치는 일에 보람과 가치를 느끼는 사람이어야만 한다. 적재적소에 인재를 배치하고 활용하며 중요한 존재임을 느낄 수 있도록 하자.

주의해야 할 것은 강사를 믿고 권한을 주되 학원의 시스템 안에서만 허락해야 한다. 강사가 옮기면 그가 가르치던 학생들이 따라서 그만둘 정도로 파워가 세다면 큰 문제이다. 학원이 휘청거릴 수도 있다. 수업은 강사에게 맡기더라도 학생관리는 원장이나 관리자가 직접 챙겨야 한다. 원장이 학생에 관한 모든 것을 강사에게 전적으로 믿고 맡기면 '내가 없으면 이 학원 망하겠네. 내가 잘해서 학생 수가 느는 거야. 차라리 내가 차릴까.' 이런 생각을 가지게 된다. 사람이 화장실 들어갈 때와 나올 때가 다르다고 하지 않나. 처음엔 순수한 열정으로 학원이 잘됐으면 좋겠다는 마음으로 열심을 다하더라도 열에 아홉은 자기 이익 앞에선 돌아선다.

노력에 대한 보상 VS 그 정도는 당연

나는 강사 경험은 없지만 열아홉 가지의 아르바이트를 통해 사회 경험을 일찍, 다양하게 했다. 노력에 대한 정신적 또는 물질적 보상이 없는 것이 어떤 것인지 잘 안다.

스무 살 때 집 근처 '선물의 집'에서 아르바이트를 했다. 처음 약속한 3개월 이후에도 사장님은 직원이 갑자기 그만두거나 출근을 못 하실 때 늘 SOS를 보내셨다. 그만두었다는 게 무색할 정도로 1년 넘게 짬짬이 일했다. 집도 가깝지, 나이답지 않게 책임감 끝내 주지, 무엇보다 내가 근무하면 매출이 다섯 배 이상 올랐다. 나는 일을 즐겁게 했다. 손님과의 대화가 재밌었다. 원하는 선물을 추천해 드리려고 상품에 대해 공부했다. 학생들에게 좋은 필기구를 추천해 주고 싶어 볼펜도 직접 써 보며 특징을 파악했다. 누가 시킨 적 없는데 호기심 많고 몰랐던 것을 알아 가는 재미가 쏠쏠해서 그렇게 했다.

'선물의 집' 뿐 아니라 커피숍, 분식집, 햄버거집 등에서 일할 때도 마찬가지였다. 내가 좋아서 하는 일이고 가게 매출도 오르니 내 일인 것처럼 기뻤다. 그런데 어느 순간 신이 나지 않았다. 적절한 보상을 받지 못했기 때문이다. 보상은 돈을 의미하지 않는다. 어떤 곳에서도 정해진 시급 외에 단 10원도 더 받은 적 없고(주시지도 않았고) 바라지도 않았다. 내 마음을 떠나게 했던 것은 '내 노동을 당연하게 여기는, 또는 이용하려는 사장님들의 마인드'였다. 그래서 계약 기간 후에 더 있어 달라 붙잡아도 뒤돌아보지 않았다.

'호의가 계속되면 권리인 줄 안다.' 누군가에게 상처받았을 때 많이 쓰는 말이다. 학원에서 교육비 외의 것을 해 주는 것에 대해 당연시하는 학부형들이 많다. 그 대표적인 것이 '보충수업'이다. 해 주는 것은 당연하고 고맙다는 소리는 별로 듣지 못했다. 오히려 시험 결과가 나쁘면 원성을 듣거나 학원을 옮기는 결과를 초래한다. 더 해 주고 뺨 맞는 꼴이다. 시험기간 보충에 관한 공문을 보낼 때 이런 내용을 보낸 적이 있다.

"주부님들이 왜 '명절증후군'을 앓으실까요? 왜 '김장철'이 되면 스트레스받으실까요? 학원에서 시험대비 보충수업은 이것과 같습니다. 고맙다는 말은 기대하지 않습니다. 당연하게만 생각하지 말아 주십시오."

자기 반 학생들 위해서 열심히 보충해 주었는데 원장에게서 듣는 말이 '수고하셨어요.'가 아니라 '시험 결과가 왜 이래요?'라면 나는 그 학원을 떠나고 싶을 것이다. 시험기간이 되면 강사들의 불만의 소리가 높다. 추가 업무에 대해 적절한 대우를 받지 못하기 때문이다. 초과 근무에 대해서는 정당한 대가를 지불하거나 그만큼의 휴식을 보장해 주어야 한다. 나는 내가 겪었던 부당한 대우를 우리 학원 선생님들에게는 물려주지 않는다.

체계적 문서화된 시스템 vs 원장 기분에 따라 바뀌는 시스템

"이랬다 저랬다 도대체 어느 장단에 맞춰야 할지 모르겠어요!"

원장의 업무 지시는 구체적이고 명확하고 일관성이 있어야 한다. '일일이 신경 쓸 바에야 그냥 내가 하는 게 낫지.' 라는 생각은 금물이다. 내 업무를 덜기 위해 채용한 강사인데 오히려 강사 경영하느라 부담이 가중될 때가 있다. 원장과 강사의 업무 효율성을 높이기 위해 필요한 것이 바로 학원의 모든 업무(학습, 관리, 운영)를 문서화하는 것이다. 근로 계약서는 문서 시스템의 시작이고 상호 신뢰의 표시이다. 근로 계약서 쓰는 것을 부담스러워하는 강사도 있는데 그것은 자신의 권리도 포기하는 것이다. 계약서 내용이 강사에게 불리한 것이 아니라면 말이다. 나는 근로 계약서를 쓸 때 이런 말을 꼭 했다.

"근로 계약서는 선생님을 위해서도 쓰는 것입니다. 명시된 대로 나는 지킬 것이고 선생님 권리와 근무 조건을 보호해 드리겠다는 약속의 표시입니다."

강사가 첫날 일을 시작했을 때를 가정해 보자. 자신에게 무엇을 시켜야 할지도 모르는 원장 밑에서 일하고 싶은 강사는 없다. 첫 출근부터 해야 할 일이 매뉴얼로 정해져 있다면 빠른 업무 파악이 가능할뿐더러 그 학원과 원장에 대한 신뢰가 한층 높아진다. 신입 강사가 인수인계를 받을 때도 선임에게 말로만 전달받는 것보다 해야 할 일이 일목요연하게 적혀 있는 매뉴얼을 받는다면 수업에 임하는 자세가 달라진다.

묻고 싶은 것이 있어도 귀찮아 할까봐 주저하게 되는데 언제든 참고할 수 있는 지침서가 있다면 일의 능률이 향상된다. 소규모 학원은 문서화된 매뉴얼 보다는 원장이 강사에게 선임이 후임에게 말로써 전달하고 그치는 경우가 많다. 두 명만 있어도 시스템은 반드시 필요하다. 휘발성인 말보다 기록이 더 중요하다.

07

이런 분과 함께라면

"1, 2년 이상 오래 근무할 거예요."

"1년 내에 다른 곳 취직할 생각 없어요."

면접 시, 지원자에게서 꼭 듣게 되는 말이다. 왕초보 원장이 아니라면 이 말을 곧이곧대로 믿지 않는다. 학원은 다른 안정적인 취업처를 찾기 전에 거치는 중간단계라고 생각하는 강사들이 무수히 많다. 취업 준비생에게는 임시로 하기에는 다른 곳보다 급여가 괜찮아서 설사 2개월 뒤에 다른 곳에 면접 볼 예정이 있더라도 사실대로 말하지 않는다.

면접을 보면 '느낌'이 온다. '이런 면이 있으면 왠지 오래 근무할 것 같지 않아..' 그 직감이 맞아떨어질 때가 많다. 알면서도 채용하게 되고, 안 좋은 일로 그만두게 되었을 때 '맞아, 그때 왠지 이런 문제로 그만둘 것 같았어.' 하며 후회를 되풀이한다. 나는 논리보다는 직관이 발달한 사람이라서 초기엔 느낌으로 강사를 채용했다. 나중에 강사 데이터를 보면, 그것이 논리나 이력서에 적힌 스펙보다 더 정확할 때가 많았다.

한 달 단기 아르바이트 학생부터 부원장까지... 직접 겪어 본 함께 일하고 싶은 강사와 그렇지 않은 강사의 공통조건들이다.

좋은 인연으로 남은 강사

다음의 조건과 느낌을 가지신 분은 우리 학원과 좋은 관계로 남았던 분들의 공통 요소이다.

첫째, 부모님과 거주하는 분이다. 특히 조부모님과도 함께 생활하시는 분들은 예의가 바르셨다. 해야 할 일과 하지 말아야 할 일을 명확히 구분하셨고 모든 일에 적정선을 지킬 줄 아셨다. 학생들을 봐도 태도가 반듯하다 싶으면 조부모님과 지내는 경우가 많다. 내가 경험한 바로는 부모님과 거주하느냐가 상당히 중요했다. 일단 생활비가 자취하시는 분들에 비해서는 적게 드는 것도 큰 요인이다. 자취를 하더라도 전세에 거주하거나 월세 부담이 적으신 분들은 계약 기간이 지나서까지 하시는 경우가 많았다. 이 조건에 해당하시는 분의 90프로는 처음도 끝도 좋았다.

둘째, 수수하고 단정한 차림새를 가지셨다. T.P.O(Time, Place, Occasion: 의복을 시간, 장소, 상황에 맞게 착용하는 것)에 맞는 화장과 옷차림을 꾸미실 줄 알지만 평상시는 대체로 옅은 화장과 무난한 옷차림을 선호하셨다. 소박한 차림이셨지만 부족함 없이 화목한 가정에서 자란 분들이 대부분이셨다.

셋째, 누구에게나 밝은 표정으로 대하고 감정 기복이 심하지 않은 무던한 성향의 강사이다.

넷째, 어떤 것이든 배우는 것을 좋아하고 일 이외의 관심분야나 취미가 있으신 분이다. 스터디, 맛집 탐방, 운동, 학원 등록 등 자기 계발과 취미에도 시간을 할애하는 분들이 에너지가 넘치셨다.

마지막으로, 휴학생이나 대학원에 다니시는 분들도 1년 이상 안정적으로 다녔다. 취업 준비생은 언제든 떠날 준비가 되어 있는 사람이다. 면접 시 '6개월 이상은 무조건 할 겁니다.' 믿어서는 안 될 말이다. 반면 휴학생이나 대학원생에게 학원은 좋은 일자리이다. 전임 강사가 아닌 파트타임 강사를 선발할 때는 이 조건의 강사를 채용했는데 80프로는 계약기간 이상 성실히 근무하셨다.

잠수타는 강사

사람은 누구나 미래를 알 수 없다. 오래 근무할 줄 알고 지원했지만 일찍 그만두게 될 상황이 있을 수도 있다. 자기 과실로 약속을 못 지킬 때 가장 먼저 해야 하는 것은 진정어린 사과이다. 그 후 학원의 피해를 줄일 수 있게 최대한 협조해야 한다. 월급받고 다음 날 안 나오고, 첫 출근 당일 연락 한 통 없이 안 나타나고, 술 마시고 무단결근하고! 이런 직원 문제는 학원뿐 아니라 어디든 존재한다. 그런데 학원은 학생들이 피해를 볼 수 있기 때문에 책임감이 더 강해야 한다. 내가 만난 강사들 중에 다음의 조건을 가진 사람과는 대체로 끝이 좋지 않았다. 물론 같은 조건을 가졌어도 책임감 투철하고 학생들 진심으로 아끼는 분들도 만났다. 일반화하기는 어려워도 직접 경험한 것이니 참고가 되길 바란다. 실제 몰래 면접을 보다 갑자기 그만둔 사례가 많다. 그만두고 면접을 보기에는 당장 수입이 끊기니 다른 핑계를 들어 면접을 보러 다니다가 합격통보를 받으면 미련 없이 그만둔다. 이 조건을 가졌던 70프로의 강사들이 무책임하게 학원에 피해를 끼치며 그만둔 사례가 많았다.

첫째, 급여에 비해 월세가 비싼 곳에서 자취하는 강사는 조금만 더 좋은 조건에도 쉽게 흔들린다. 하루아침에 이직하는 성향이 짙다. 우리 학원에 딱히 불만이 없어도 언제든 옮길 생각을 하고 있다.

둘째, 대학을 갓 졸업한 20대 취업 준비생들도 정착하기 어렵다. 학원 강사로 진로를 굳힌 분을 제외하고는 언제 취직이 될지 본인들도 모르기 때문이다. 면접 때의 대답은 항시 모범답안이다. "앞으로 6개월 내에는 취직할 생각이 없어요. 어학점수도 높이고 자격증 준비를 더 해야 해요. 무조건 6개월은 근무할 수 있습니다." 레퍼토리가 똑같다. 면접 볼 당시는 그 말이 사실이었을지 모르나 하루빨리 안정적인 직장을 구해야 한다는 압박감도 있기 때문에 두 달 만에 그만두는 일이 빈번했다. 무수입으로 마냥 있을 수 없으니 일단 원하는 취업처가 나오기 전까지 다녀 보려는 의도가 많다.

마지막으로, 짙은 화장과 옷차림에 수입의 절반을 쓰는 강사들도 그리 좋은 인연으로 남지 못했다. 개인의 취향이라 할 수 있지만 같은 급여를 받아도 자기 계발이나 배움에 투자하는 강사를 뽑아야지 과한 치장에 투자하는 사람은 아이들 가르치기에 적합하지 않다. 내면의 부족함을 겉치장으로 채우려는 분은 아이들에게 좋은 선생님이 될 수 없다.

PART
04

학원 경영, 이렇게 하라

90프로 호랑이 선생님,
10프로 친구 같은 선생님'이 되어 주자.
딱 이 정도의 거리가 좋다.
그 10프로가 학생들의 마음을
따뜻하게 감싸줄 수 있다.

01

학원 설립 기초부터 차근차근

학원은 미성년자인 학생들을 대상으로 하는 업종이라 허가 조건이 다른 곳에 비해 상당히 까다롭다. 나는 빈 상가를 얻어서 신규 창업도 했고 기존 학원 시설을 인수하기도 했다. 산 너머 산인 허가 문제와 예산을 훨씬 뛰어넘는 인테리어 비용을 생각한다면 학원 시설을 인수하는 편이 낫다. 설립 조건은 학원 형태(규모에 따라 어학원, 보습학원, 교습소, 공부방)와 지역에 따라 다르다. 같은 보습학원이라도 서울은 상가 면적이 더 커야 한다. 예를 들면, 서울 기준 40평은 보습학원 허가만 받을 수 있지만, 경기도는 같은 40평이라도 어학원까지 가능하다. 다음은 지역에 상관없는 일반적인 보습학원 설립 과정이다. 구체적인 사항은 시, 도, 교육청, 심지어 같은 교육청 내에서도 담당자에 따라 지침이 달라질 수 있으니 반드시 해당 교육청에 문의해야 한다. 같은 문서를 두고도 지역마다 달리 해석하는 경우가 드물지 않다.

학원 설립 101

1. 관심지역을 눈여겨보고 시장 조사한다.

거주지와 도보 20분 이상 떨어진 곳이 적합하다. 학원 차량이 없을 경우, 학원과 학생 집과의 거리가 평균 도보 10분 내외이다. 집과 학원의 거리가 학부모님, 학생들과 같은 반경이면 불편함이 훨씬 많다. 아파트 세대수 기준 2천 세대 이상, 도보 10분 내외 초중고가 있는 입지를 추천한다. 관심 지역을 고른 후 아침, 점심, 저녁, 평일, 주말 틈만 나면 주변 구석구석 돌아보았다. 마트, 시장, 학원가, 상가들이 활성화되어있는 지역인지 눈으로 직접 확인해야 한다.

2. 부동산 방문

인터넷으로 보증금과 월세 시세를 대략 알아보고 방문한다. 공인중개사가 학원의 세세한 설립 조건까지 알지는 못 한다. 구하고자 하는 상가 조건에 대해 구체적으로 설명해 주고 매물을 추천받는다. 한 건물에 유흥업소가 없어야 하며(있다면 위치가 떨어져 있어야 한다) 건물용도가 '제2종 생활근린시설'로 되어 있어야 하는 것은 기본이다. 추천받았다가 학원 허가 조건에 안 맞아 계약을 못 하는 경우가 드물지 않고 나도 그런 경험이 있다. 내가 원하는 장소에 매물이 있는지 문의했고 마침 학원 하기 좋은 곳이 있다고 추천받았다. 모든 것이 마음에 들어 계약하려던 차에 그 건물에 무허가 건물이 있다는 걸 알았다. 부동산도 상가 안 구석구석까지 들어가 본 것은 아니라서 몰랐던 것이다.

3. 상가 계약

계약 전에 꼭 확인해야 할 사항이다. 건물용도, 불법건축물, 원상복귀, 에어컨과 간판설치, 전기용량, 세금계산서 발행 등이다. 원상복귀의 경우, 내가 인수받았을 당시의 상태를 말하는 것인지, 아무것도 없는 빈 상태인 것인지를 명확히 해야 한다. 전기용량 확인도 필수이다. 계약 당시에는 건물주가 간이 과세자라 세금계산서를 발급하지 않으니 10프로 부가세를 별도로 내지 않아도 되었다. 그런데 전국적으로 세법이 바뀌면서 주인이 일반 과세자가 되어 부가세를 내야 했다. 계약 전에 해결하고 인테리어를 시작해야 피해를 줄일 수 있다.

4. 구청 방문 후 인테리어

구청은 건물용도변경을 해야 할 때(필요시)와 교육청 서류 접수 후, 등록 면허세 낼 때 방문한다. 창업 준비 과정에서 가장 큰 금액을 투자하는 것이 인테리어이다. 그런데 더욱 부담을 부추기는 것이 있다. 교육청 허가를 받고 인테리어를 하면 좋으련만 현실은 인테리어로 수 천만 원을 들인 후에야 교육청 허가 여부를 알 수 있다. 기껏 인테리어를 했는데 교육청 실사에서 교실 면적이 1평이라도 모자라면 허가를 받지 못한다. 교육청 실사와 허가를 받은 후 인테리어를 하면 혹시나 학원 설립 기준에 안 맞게 할 수 있을 우려 때문인 듯하다. 인테리어 완성 후 실사를 받아야 한다.

5. 교육청 상담과 신청서류접수

건축물대장 지참 후 방문하여 건물용도 확인, 유해업소, 교실 면적, 소방 관련 등에 대해 문의한다. 이상이 없으면 정식으로 학원 허가 신청 서류를 접수한다. 서류 검토 평균 소요 기간은 일주일이며 실사 후 불합격 사유 없으면 승인받는다. 실사 시 교실 면적을 매우 깐깐히 보기 때문에 조금이라도 부족하면 허가가 나지 않는 점 각별히 유의해야 한다. 학원 전체 면적이 아니라 교실 면적이 중요하다. 실사 후 이상이 없을 시 등록증을 교부받는다.

＊준비 서류: 학원 위치도, 시설 평면도, 임대계약서, 신분증, 강사 채용 서류, 소방시설 완비증명서, 방염 필증.

＊접수 절차: 서류 검토 및 결격 사유 조회 → 학원 실사 → 소방,

전기안전점검 → 등록/수리(受理) → 학원 설립, 운영 등록증 교부(등록증 교부 받기 전, 등록 면허세를 구청에 가서 납부)

6. 소방점검

스프링쿨러, 완강기, 비상유도등, 소화기, 화재 감지기 설치 여부 등을 확인하는데 점검 기준이 학원 평수와 지역마다 다르니 관할 소방서에 문의해야 한다. 이상 없을 시 소방시설 완비증명서, 방염 필증을 발급받는다.

7. 사업자등록증 신청

학원 등록증을 교부받은 후, 세무서에서 사업자등록증을 신청을 하고 임대차 계약서에 확정 일자도 받아야 한다. 이후 카드 단말기를 설치할 수 있다. 카드 설치 후 카드사 승인은 평일 기준 빠르면 이틀 뒤, 평균 사흘 소요된다. 각 카드사로부터 승인 문자를 받으면 교육비를 카드로 받을 수 있다. 창업 후 6개월 동안은 카드수수료가 2.3%로 높다. 6개월 지나면 0.8%로 조정된다(연매출 3억 이하일 경우).

방문·문의해야 할 관공서

관공서는 자주 방문할 일은 없지만 한 번 가야 할 때마다 이만저만 신경이 쓰이는 것이 아니다. 학원 설립 과정에 만나야 하는 관공서들은 다음과 같다. 교육청, 세무서, 은행, 구청(면허세납부)은 필수 방문 관공서이고 다른 곳은 학원 형태와 상가 조건에 따라 다르다.

구 청: 건물용도변경 시. 학원은 상가 용도가 '2종 근린생활시설' 또는 '교육연구시설' 이다. 이렇게 설정되어 있지 않으면 건물주에게 용도변경 요청을 해야 한다.

교육청: 건축물대장, 학원 평면도(교실면적 매우 중요) 가지고 방문

소방서: 소방점검 받은 후 완료 필증 발급

경찰서: 설립자 성범죄 조회서 발급 (최근에는 교육청에서 바로 경찰서에 조회한다.) 강사 성범죄 조회는 원장이 직접 방문하여 발급받아야 한다.

세무서: 사업자등록증 신청, 확정일자

한 전: 전기용량 확인 및 필요시 증설(계약 전 반드시 확인)

은 행: 학원보험료 납부

법 위의 상가 텃세

창업을 준비하다 보면 부딪히기 전에는 알 수 없는 복병이 곳곳에 숨어 있다. 확장 이전을 하면서 마음에 드는 상가 자리를 계약했다.

동종 업종 제약이 없는 상가라는 것을 부동산과 관리사무소를 통해 확인하고 계약을 했다. 원래는 동종 업종 제약이 있었으나 상가 임대인들의 반발로 없어졌다고 했다. 임대인 입장에서는 동종 업종이 들어올 수 없다면 임차인 구하기가 더욱 어려워지기 때문이다. 내가 계약할 당시, 영어 전문학원은 없었고 수학 전문, 중고등부 영수학원과 전 과목 종합학원은 여러 개 있었다. 나는 초중등 영어 단일 과목이었기에 굳이 동종 업종이라고 할 만한 학원은 없었던 셈이다. 그래도 혹시나 하는 마음에 이 부분을 계약 전 확인했고 이전 준비를 했다. 그 상가에서 영어, 수학 관련 학원 중 30대 초반 원장은 나뿐이고 모두 50대 전후였다. 우리 학원은 2층에 홀로 있었고 그 외 학원들은 4층과 5층에 몰려 있었다. 이전하고 어수선한데 4, 5층의 원장들이 하루가 멀다 하고 찾아왔다.

"그냥 인사나 하러 왔어요."

"원장님이 젊네."

"힘든 거 있으면 말해요."

처음에는 이렇게들 말하며 내 얼굴 쳐다보고 학원 스윽 둘러보며 돌아갔다. 단순히 상가에 누가 들어왔나 궁금해서 들렀나, 본인들보다 한참 어린 사람에게 어른 행세를 하고 싶은가 보다 그렇게 생

각했다. 미소 짓던 그 얼굴 뒤에 다른 계획이 숨겨져 있을 줄은 생각
도 못했다.

"각서 쓰세요."
"...네?"
"각서 쓰라구요. 나중에 수학 개설하지 않을 거라는 각서."

지금은 영어전문이지만 나중에 수학을 추가로 개설할지 어떻게
아느냐며 항의를 했다. 정말 상상치도 못했다. 무슨 권리로 그런 요
구를 한단 말인가. 법보다 무서운 것이 텃세라더니. 거절한 대가인
지는 모르나 끊임없이 우리 학원을 견제했다. 학생들에게 전화번호
를 물은 후 집으로 전화하여 '이번에 영어 개설했다. 선생님 너무 괜
찮다. 영어 수학 무료 수업해 줄 테니 다녀 보라.' 라고 권유했다고
한다. 여러 학생의 어머님들께서 알려 주셨다. 학원이라는 직업을
사랑하는 나는 얼굴이 화끈거렸다.

놓치기 쉬운 전력량 확인

전기용량 문제로 호미로 막을 것을 가래로 막을 뻔한 경험이 있다.
지금까지 네 번의 상가 계약을 했다. 그때마다 놓친 게 바로 '상가

전력량 확인이다. 두 번은 문제없었지만 두 번은 적잖은 마음고생을 해야 했다. 대형 상가 안의 학원시설을 인수한 적이 있었다. 이미 학원 허가를 받은 곳이라 학원명과 대표자 명의변경만 하면 되었다. 일이 쉽게 술술 풀리는가 싶었다. 봄에 인수를 했고 여름에 수업을 하고 있으면 학원의 전기가 몽땅 나가기 시작했다. 차라리 항상 그랬다면 대책 세우기가 쉬웠을 텐데 그러다 괜찮기를 반복했다. 순식간에 암흑으로 바뀌고 학생들은 재미있는지 낄낄 거리거나 일부러 무서운 척하며 장난 비명을 질렀다. 내 속은 시커멓게 타들어가는 줄도 모르고. 처음엔 상가 관리소장님께 문의했다. 소장님은 본인이 해결할 수 없다며 상가 기술 담당자에게, 그분은 다시 외부 전기 전문가에게 일임했다. 덜컥 겁이 났다. 일이 너무 커지는 거 아닌가.

에어컨 누수 문제인가 했는데 원인은 전력량 부족이었다. 인수 전 학원은 학생 수가 적어서 에어컨 한 대만 사용했는데 나는 복도 1대, 교실 4개, 상담실 1개 총 6대를 동시에 돌릴 때가 종종 있었다. 5대까지 돌릴 때는 괜찮은데 마지막 한 대를 켜면 과부하로 전기가 나갔다. 원인을 알았으니 해결할 일만 남은 것인데 산 너머 산이었다. 관리소에서 상가 전체 전력 문제라서 우리 학원만 전기 증설하는 것은 불가하다 했다. 에어컨을 줄여서 쓰라는 말만 할 뿐. 전기 공사를 하면 상가의 다른 분들이 일정 시간 영업을 못 하니 피해를 입을 수도 있으며, 수백만 원의 돈이 들어갈 수도 있어 혼자 끙끙 앓다가 다른 전기 전문가에게 의뢰했다. 그동안의 고민이 무색할 정도로 해결책은 너무 간단했다. 두꺼비 집과 차단기 교체. 마지막 전문가는 상가의 전력량이 문제가 아니고 두꺼비 집 용량이 적은 것이 문제라 하셨다. 쓰는 전기는 10인데 두꺼비 집 용량이 5라서 이것만 교체하면 된다 하셨다. 간단히 교체 후, 모든 문제가 말끔히 사라졌다. 심각한 문제인 줄 알았는데 의외로 간단히 풀리는 것도 있다. 같은 증상을 가지고도 의사마다 의견이 다른 것과 같은 이치였다. 계약 전 의외로 놓칠 수 있는 전기용량 꼭 확인하자.

학원 창업자금 초간단 계산법

10평대부터 50평대까지 학원을 운영했고 하고 있다. 총 창업 자금은 다음의 금액을 합한 금액이다.
6개월 운영예비비와 부동산 중개 수수료는 포함시키지 않았다.

상가보증금 + 인테리어비 + 집기류 + (홍보비 + 프랜차이즈 가맹비)

이 중에서 인테리어비와 집기류를 합친 금액은 상가 평수 곱하기 100만 원을 하면 된다.
예) 15평 상가라면, 15 곱하기 100만 원 (총 1,500만 원)이 평균 인테리어와 집기류 예상 비용이다.
간단한 계산법이지만, 이 범위에서 크게 벗어나지 않는다.

빈 상가에서 신규 창업 시 예상 비용

규모 ＼ 내용	상가보증금	인테리어 집기류	홍보비	프랜차이즈 가맹비	총비용	
					최소	최대
15평 교습소	1000	1500	200~500	500~1000	2500	3500
30평 보습학원	2000	2500~3500	500	1000	4500	6000
50평 보습 또는 어학원	3000	4500~6000	500~1000	1000	7500	1억 이상

＊ 최소 비용은 상가보증금과 인테리어(집기류 포함) 금액.

＊ 최대 비용은 홍보비와 가맹비까지 포함한 금액.

(가맹비는 창업 필수 자금은 아니며 홍보비는 0원부터 1000만 원까지 계획하기 나름이다.)

02
—

출석부터 세금까지

학원업무 101 출결 확인

"예전 학원은 우리 아이가 결석해도 문자 한 통 없었어요."

내가 학부모라도 우리 아이가 결석했는데 연락하지 않는 학원은 보내고 싶지 않다. 물론 결석이 잦고 그 상황을 잘 아시는 분의 경우 매번 드리기도 편치 않고 바라지도 않으신다. 이 경우를 제외하고는 어떤 업무보다 우선시해야 한다. 당일에 연락을 못 드렸다면 다음날이라도 반드시 해야 한다. 학생 수가 적을 때는 내가 일일이 출결 확인을 했다. 평균 한 선생님이 30명 전후의 학생을 담당하는 게 이상적이라 본다. 학원 원생이 100명이었을 때, 전임강사 두 분과 파트 선생님 한 분이 계셨고 나는 시간표가 안 맞고, 가르치기 까다롭고, 보충이 필요한 아이들을 지도했다. 학생이 늘어 담당 선생님들이 출석 체크를 맡게 되면서부터 문제가 발생하기 시작했다. 특히 강사가 교체되는 시점에서 평소 공부하기 싫어했던 학생들은 이 절호의 기회를 틈타 결석을 하곤 했다. 집에는 학원 간다고 했음은 물론이다.

출결과 인수인계 기간의 상관관계

대형학원처럼 시스템이 확고한 곳이 아닌 이상 대부분 인수인계 기간이 하루 이틀인 곳도 많다. 기간이 길어질수록 인건비가 두 배로 나가기 때문이다. 나는 일주일 이상을 인수인계 기간으로 잡는다. 일주일이면 신입 강사가 학생들 얼굴과 이름을 파악할 수 있다. 후임을 늦게 뽑아서 부득이하게 그 기간이 짧아질 경우 출결 체크에 문제가 많았다. 학생들이 신입 선생님이 업무가 서툴다는 것을 알고 거짓말을 하고 결석을 한다. 아이 성향을 아직 파악하지 못한 강사는 그 말을 그대로 믿는다. 바늘구멍만한 틈만 보이면 이용하려는 것이 학생들이다.

"안녕하세요? 어머니! 영어학원입니다. 오늘 K가 안 와서 연락드렸어요."

"영어학원 갔다 왔다고 하던데요?"

".......... 오늘 안 왔습니다."

"잠깐만 기다려 주세요... K한테 지금 물어볼게요."

(잠시 후) "다녀온 거 맞대요. 선생님이 새로 오셔서 자기 이름 몰라서 체크 못 하신 거 같다는데요." (불쾌한 목소리로) "제가 회사를 다녀서 핸드폰에 위치추적 해 놓거든요. 그 시간에 영어학원 상가에 있었던 거 맞아요."

".......... 예, 그럼 제가 다시 담임선생님께 확인해 보겠습니다. 번거롭게 해 드려 죄송합니다."

실제 나와 6학년 여학생 어머님과의 통화내용이다. 나는 그 학생이 거짓말을 한다는 걸 알고 있었다. 6학년 2학기 여학생들의 특성을 알기 때문이다. 모범생이었던 아이들도 이 시기가 되면 놀랍도록 변한다. 친구랑 어울리는 게 좋아서 집에다 학원에다 이런저런 거짓말과 핑계를 늘어놓느라 바쁘다. 밤늦게 그 학생 어머님께 이런 내용의 문자가 왔다.

'원장님과 전화 끊고 혹시나 해서 애한테 다시 물어봤습니다. 펑펑 울면서 자기가 거짓말했다고 하네요. 핸드폰은 수업 듣는 친구한테 맡기고 자기는 상가 밖에서 놀았답니다. 제가 잘못 키웠습니다. 반듯하게 키웠다고 생각했는데 얼굴을 들고 다닐 수가 없습니다. 내

일부터 안 보내겠습니다. 죄송합니다.'

그 문자에서 딸에 대한 어머님의 깊은 실망감과 아픔이 느껴졌다. 어쩌면 나는 그런 상황을 여러 번 겪어서 그 무렵 학생들은 으레 그러려니 대수롭지 않게 생각했지만 부모는 달랐던 것이다. 비록 그분이 다소 예민하신 분이었을지라도. 인수인계 시기에 출결 문제로 비슷한 사례를 여러 번 겪었다. 그래서 최소한 학생들의 얼굴과 이름을 충분히 익힐 수 있는 기간인 일주일을 인수인계 기간으로 잡았다.

피할 수 없으면 즐겨야 하는 세무 업무

수업과 관리에 신경을 쓰다 보면 세무 업무는 늘 뒷전이다. 1년에 한 번 돌아오는 1월의 사업자 현황신고와 5월의 종소세 신고는 모든 원장들의 두통 유발의 주범이다. 어학은 좋아했지만 수학, 숫자에 유난히 부작용이 심했던 나는 학생수가 20명이 안 되었을 때부터 세무사에 의뢰했다. 20년간 지불한 매달 기장료와 수수료가 몇 천 단위가 된다. 20년 전보다는 지금이 세무 신고가 훨씬 간편해졌다. 국세청에 카드등록을 미리 해 놓으면 일일이 지출내역이나 영수증을 안 가지고 있어도 자동으로 내역이 등록된다. 지나고 보면 조금의 수고만 기울였어도 충분히 혼자 할 수 있었던 것도 많다. 원장이 꼭 챙겨야 할 세금, 세무관계에 대해 알아보자.

학원비가 10만 원 이상이면 현금영수증을 의무발행해야 하고 5일 이내 발급이 원칙이다. 우리 학원은 10만 원 이하라도 금액에 상관없이 100프로 현금영수증을 발행한다. 차일피일 미루다가 발급이 늦어져 학부모와 트러블이 생길 수 있으니 교육비는 투명하게 신고하자는 것이 내 철칙이다. 연간 총매출액이 7,500만 원 이상이면 복식 부기 대상자, 이하면 간편 장부 대상자이다. 전자일 경우, 세무사에 의뢰하는 것이 좋다. 강사는 두 가지 방법으로 세무신고를 한다. 고용 직원의 성격을 띠면 4대 보험을, 프리랜서라면 3.3% 원천징수하여 사업소득자로 신고한다.

학원 지출은 세금계산서 및 영수증을 꼭 챙겨야 한다. 특히 상가 월세가 가장 큰 비용을 차지하므로 계약할 때 세금계산서 발행 여부를 반드시 확인하고 계약서상에도 기록해야 한다. 건물주가 간이과세 대상자이면 세금계산서를 발행하지 않고 부가세도 내지 않는다.

학원비 책정: 각 지역의 관할 교육청마다 1분당 정해진 기준 금액이 있다. 초, 중, 고 분당 금액이 각기 다르며 받은 학원비보다 수업시간이 적으면 안 된다. 교습비 게시표와 환불규정표를 학부모와 학생이 모두 볼 수 있는 곳에 게시해야 하고, 규정에 따라 환불해야 한다.

학원 보험료 납부: 1년에 한 번 학원 보험료 납부를 갱신해야 하고 보험증권을 교육청에 메일 또는 팩스 전송해야 한다. 보험료 책정 기준은 학원 평수라서, 학원이 클수록 보험료가 높다. 그 외에 보장 범위는 교육청에서 제시한 것을 따라야 하며 은행에서 가입할 수 있다.

상가 계약 시 세금계산서 발행 여부

상가 계약 당시에는 건물주가 간이과세 대상자여서 부가세를 내지 않고 세금계산서를 받지 않았다.

세제개편 등으로 건물주가 일반과세 대상자가 되면 월세의 10프로에 해당하는 부가세를 내고 세금계산서를 받게 된다. 부가세를 내지 않아 계약을 했는데 임차 도중 변경 될 수도 있는 점 유의해야 한다.

03

학부모와 상담은 이렇게

신규 상담/등록 절차

전화 또는 방문 → 상담과 테스트 시간 예약 → 테스트 → 상담 → 교육비 납부 → 등록 확정 → 첫 수업

상담예약없이 아이와 함께 바로 방문하시는 경우도 있다. 이럴 때는 바로 아이 먼저 테스트하고 그날 저녁에 간단히 전화로 결과 안내드린 후, 대면 상담 시간을 정한다. 또는 바로 등록하기도 한다. 상담 시 등록률이 높은 경우는 소개로 오시거나 아이와 함께 오셨을 때인데 최소 70프로 최대 90프로는 등록하신다. 시험기간 한 달 전과 시험 친 직후 상담이 많은데 이 경우는 학원 쇼핑하시는 분들이 많다. 하루 날을 선택해서 동네 한 바퀴 돌아보신다. 나는

시험 직후 학원을 옮기는 학생이나 학부모를 그리 신뢰하지 않는다. 이런 학생들은 우리 학원에 와서도 그런 행동을 할 수 있으며, 무엇보다 싫증을 잘 내고 학생 자신은 노력하지 않으면서 학원 탓을 하는 습관이 있다. 상담 시, 학원을 옮기려는 이유를 분명히 여쭈어 보고 우리 학원에 맞는 학생인지를 파악하여 말씀드린다.

상담예약이 중요한 이유

학원이 자리 잡기 전에는 당연히 마음이 조급할 수밖에 없다. 나 역시 그랬다. 지나가다 들른 학부모님을 그냥 가시게 하는 게 도리가 아닌 것 같아 수업하다 말고 상담한 적도 있었다. 매일 오는 기회가 아니라서 우리 학원에 대해 어떤 정보라도 드리고 싶었다. 실제로 홍보용 전단지 4천 장을 한꺼번에 뿌려도 전화가 다섯 통 미만으로 오며 방문상담으로 이어지는 경우는 더 드물다. 이런 상황에서 직접 방문을 하셨는데 어찌 반갑지 않겠는가. 하지만 준비 없는 상담은 역효과를 낳는다. 본인 자녀가 공부할 때도 원장이 수업하다 말고 상담을 할 텐데 기분 좋을 부모는 없다.

학원 운영 경력이 10년이 넘어도 수업은 자신이 있지만 상담은 여전히 어렵다고 하시는 분들이 많다. 예고 없이 방문한 학부모를 놓치기 싫어서 즉석에서 상담을 하다 보면 원장 본인조차도 무슨 말을 하고 있는지 모르는 상황이 연출된다. 수업 중이라 5분 정도만 시간 내 드릴 수 있다고 상담을 시작해도 막상 이삼십 분 넘어가기 쉽다. 학부모님 말을 중간에 끊기 어렵다.

그냥 돌아가신 후, 연락이 없으신 경우도 물론 있다. 하지만 그것은 우리 학원에 대해 진지하게 고민하지 않으시고 그야말로 가벼이 들르신 것뿐이니 실망할 필요 없다. 오래 믿고 맡길 학원을 찾는 분들은 당장 상담이 어려운 상황을 이해하시고 얼마든지 다시 방문하신다. 정식 상담의 경우, 학생 레벨테스트를 먼저 하고 어머님 상담을 원칙으로 한다. 학생과 함께 오지 않으시면 5-10분 내외로 짧게만 말씀드린다. 학생 정보가 없는데 어떻게 상담을 진행할 수 있을까. 주인공의 성향과 수준을 먼저 알아야 하는 것은 당연하다.

레벨테스트와 상담

초등 고학년 이상이라면 단어와 문법 테스트만 보아도 충분히 수준 파악이 가능하다. 중학교 이상이면 전 내신 성적을 물어본다. 사실대로 말씀해 주시는 경우도 있으나 실제보다 더 높게 말씀하시는 경우도 종종 있다. 내성적인 아이는 학부모 있는 자리에서 테스트 받는 것을 꺼려한다. 어머님과 관계가 좋고 활발한 아이는 일부러 어머님과 같은 테이블에 앉아서 소리 내어 읽기 테스트를 시켜 본다. 다음은 첫 상담 시 필수 질문들이다.

"첫 영어부터 지금까지 어떻게 시키고 계세요?"

첫 영어가 그 아이의 영어 색깔을 결정짓는다. 최근의 영어학습뿐 아니라 몇 살에 어떤 곳에서 어떤 방식으로 처음 배웠는지 알면 학생의 현재 상황을 쉽게 이해할 수 있다. 영어 학습지라면 어떤 특징을 가진 학습지(영어전문 또는 다과목)인지, 어학원, 영어유치원, 엄마표, 영어전문학원, 종합학원 등 어떻게 배웠느냐에 따라 아이의 영어 강점과 약점이 고스란히 드러난다.

"전 학원을 선택하셨던 이유가 궁금합니다."
"어떤 점이 맞지 않으셨어요?"

70프로의 어머님들은 아이의 약점을 사실대로 이야기하지 않으신다. 가볍게 스치듯 이야기하실 뿐이다. 아이에게 문제가 있어도 학원 탓으로 돌리시는 경우가 많다. 전 학원의 불만사항으로 보충수업 미실시, 강사의 잦은 교체, 시간표 변경, 느슨한 관리 등을 말씀하신다. 우리 학원에서도 해결해 드릴 수 없는 것이라면 솔직히 말씀드린다.

바꾸어도 똑같기 때문이다. 학원을 바꾸면 달라지겠지 하는 기대심리로 등록 후 더 큰 불만을 제기할 수도 있다. 공부환경이 중요한 것도 맞지만, 더욱 중요한 것은, 공부 주체인 학생이다. 우리 학원에서 제공해 줄 수 있는 것과 없는 것을 첫 상담 시 명확히 말씀드린다.

"아이가 좋아하는 과목(활동)이 무엇인지요?"

모든 학생들이 영어를 제일 좋아하고 제일 잘하기를 바라는 것은 내 욕심이다. 물론 진짜 그랬으면 좋겠다. 공부 외의 관심사로 남학생들은 축구, 야구 등 스포츠를 여학생들은 화장이나 연예인을 주로 말한다. 테스트 받으러 온 학생들은 대개 긴장해 있다. 즐겨 보는 유튜브는 무엇이고 좋아 하는 연예인이나 운동선수가 있는지 물어 보는 것으로 대화를 시작하면 표정이 한결 환해진다. 이것이 대화의 첫걸음이다. 초창기에는 어떻게 해서든지 우리 학원에 대해 하나라도 전달해 드리고 싶어 로봇처럼 준비된 매뉴얼을 말씀드렸다. 지금은 경청하고, 메모하고, 공감하면서 상담한다.

학부모의 요구에 거절할 용기

"학생이 학원에 맞춰야지, 학원이 학생에 맞추는 일은 없습니다."

신입 또는 기존 학생 학부모가 학원 커리큘럼 이외의 것을 요구할 때 이렇게 말씀드린다. 요일이나 시간표 변경 요청을 분기마다 하시는 분들이 있다. 일이 년에 한 번 정말 피치 못 할 사정으로 요청을 하시는 경우는 최대한 반영해 드리지만 습관적으로 그러시면 '그만두셔도 좋다.'는 뉘앙스를 전달한다. 학원은 개인과외가 아니다. 개인과외라 해도 선생님 스케줄보다 학생의 것을 항상 우선시할 수는 없다.

창업 초기 또는 매달 들어오던 신규생이 없고 기존 학생의 퇴원이 반복되면 원장은 초조해진다. 대기 학생이 있을 때는 세상을 다 가진 듯 의기양양하다. 하지만 학생 한 명이 아쉬울 때는 누구라도 등록하면 모든 요구를 다 수용하고 싶은 마음이 솟구치는데 반드시 지양해야 한다. 처음에야 이 정도는 무리 없겠지...싶지만 한두 달 지나면 후회한다.

학부모의 마음은 '갈대와 같다.'며 불만을 토로하면서 원장 본인이 그러면 안 되지 않는가. 아쉬울 때 등록할 때는 학생이 무슨 행동을 해도 예쁘고 대기 학생이 생기면 못 마땅하게 여기는 일은 없어야 한다. 애초 등록시킨 사람이 누구인가? '거절할 용기'는 학생을 위해서도 필요하다. 개인 맞춤별 수업을 제공하는 것이 기본이라 해도 그것은 학원의 원칙과 기본이 먼저 지켜지고 나서의 문제이다. 거절하면 학부모가 싫어하지 않을까, 그만두지 않을까! 노심초사할 필요 없다. 내 경험상 이유가 합당한 거절은 '실'보다 '득'이 훨씬 많았다. 내가 주체가 되었을 때 비로소 학원의 안정화가 이루어졌고 성장할 수 있었다.

상담 시 접대는 어떻게 할까

나는 신규보다 오히려 재원생 어머님들 상담에 더 신경을 쓴다. 근처 커피숍에서 과일 주스나 차를 주문하여 대접해 드린다. 초보 원장일 때는 상담 전날부터 어떻게 대접해 드릴지 고민하느라 잠을 설쳤다. 최대한 성의를 표시하고 싶어 값비싼 찻잔과 유명 브랜드 티백을 종류별로 준비한 적도 있었다. 아무것도 준비하지 못한 날은 괜히 안절부절못했다. 그랬던 내 마음과 달리, 차를 권해 드렸을 때 오히려 불편해하시거나 예의상 한 모금 정도만 드시는 분들이 많았다. 전혀 손대지 않고 고스란히 놔두고 가는 경우도 있었다. 차 대접은 등록과 상관없이 우리 학원을 방문해 주신 분에 대한 예의이지만, 초보 원장시절의 나처럼 지나치게 신경을 곤두세울 필요는 없다. 깔끔한 상담 환경과 원장의 자신감 있는 태도가 더 중요하다.

04

학생들의 마음 들여다보기

일정 시기가 되면 학생들은 떠난다. 각별히 아끼던 아이가 그만둘 때의 상실감은 20년이 지나도 여전하다. 이사로 그만둘 때는 2주에서 한 달 전 말씀해 주시는데 그때부터 헤어질 생각에 서운하다. 지금은 카톡으로 근황을 알 수 있어 덜 하지만 스마트폰이 보급되기 전에는 얼굴 보기 힘드니 더욱 그랬다.

중국으로 이민 간 중2 여학생이 울면서 전화 온 적이 있었다. 내가 보고 싶고 학원 다니던 때가 그립다고. 뒤에서 꼴찌 1, 2등을 다투던 녀석이라 참 많이도 야단쳤었다.

우리 학원은 스파르타식 학원이고 나는 아이들이 두려워하는 원장 선생님이다. 그런데 그렇게 무서워하면서도 좀처럼 그만두지를 않는다. 숙제가 많아 엉엉 울면서 한다는 얘기는 어머님들께 늘 듣는 말이다. '원장님 너무 무서워. 떠들거나 숙제 안 해가면 가만 안 뒤.' 이런 글을 SNS에 올려 두기도 한다. '무서워서 집중 잘돼. 거기 다녀서 실력 많이 올랐어. 원장님 잘해 줄 때는 잘해 줘. 이야기도 잘 들어주고.' 이런 반가운 글도 보인다. 나는 학생들이 블로그나 학교 학급 온라인 카페에 이런 글을 올려 두었는지 몰랐다. 면접 보러 온 신입 강사들이 방문 전, 검색하다 알게 되었다며 귀뜀해줘서 알았다. 한참 뒤에서야.

화장하는 또 다른 이유

영어 5-6등급, 다른 과목은 7-8등급인 고등학교 여학생이 있었다. 영어는 유치원 때부터 10년을 꾸준히 해서 그나마 이 정도인데 도통 공부에는 관심이 없고 늘 풀 메이크업이었다. 마음이 다른 곳에 있으니 과제며 필기구를 비롯한 학습 준비물을 제대로 챙겨 오질 않아 담당 선생님을 늘 힘들게 했다. 그룹 수업을 진행하는데 '연필 없어요, 책 없어요, 안 가져왔어요...' 이런 말이 나오면 수업을 기분 좋게 할 수가 없다. 학생과 어머님께는 학원이 맞지 않으니 개인과외나 다른 학습방법을 권유해 드린 적도 있으나 조심하겠다고 할 뿐 습관이 고쳐질 리가 없었다. 선생님께서 출근을 못 하시게 된 날 대신 수업을 하게 되었다. 수업 마치고 이야기나 한번 들어 보자 해서 그 아이와 면담을 했다. 그동안 주의는 줄 만큼 주었기에 단도직입

적으로 물었다.

"그렇게 화장할 시간은 있고 과제 조금이라도 할 시간은 없니? 학원은
왜 다니니? 부모님이 주시는 교육비 아깝지 않아?."

"..........................."

"여기는 여러 명이 같이 공부하는 곳이야. 그렇게 행동하면 다른 학생
한테 피해 주는 거야. 그 친구들이 방해받으려고 교육비 내는 거 아니거
든? 그 학생 부모님들은 우리 아이 학원에서 공부 제대로 가르쳐 달라고
힘들게 일하시고 교육비 주시는 거야. 그걸 네가 무슨 권리로 망쳐!"

"..........................."

무섭기로 소문난 내가 제대로 1:1로 마주 앉아 야단을 쳐서인지 평
상시의 버릇없는 태도는 수그러들고 눈물을 글썽글썽했다.

"저도 숨 쉴 무언가가 필요했어요. 화장으로 스트레스를 풀어요."

아이는 집안 환경에 대해 말했다. 난폭한 아버지로 인해 집에서 편
안히 과제를 할 상황도 아니라고 한다. 부모님이 자주 다투셔서 같
은 동네 조부모님 댁으로 갑자기 옮기기도 하는 등 생활이 불안정하
고, 어머님께서도 아이가 나쁜 장소에 가고 밖으로만 돌까 봐 학원

을 굳이 보내셨던 것이다.

도저히 예쁜 구석이 없던 녀석이었지만 전후 사정을 듣고 보니 미움대신 안쓰러움이 다가 왔다. 그 아이에게 화장은 단순히 돋보이기 위해서가 아니라, 화장을 함으로써 마음의 안정을 찾을 수 있고 잠시나마 불안한 마음을 달랠 수도 있었겠구나...!라는 생각이 들었다. 그렇다고 모든 행동들이 합리화될 수는 없다. 한 시간 넘게 이야기를 나누었고 그 후부터는 그 아이에 대한 불만이 사그라졌다. 그 학생 또한 무섭기만 한 원장이 자기 이야기를 밤늦은 시간까지 들어주고 공감해 준 것에 대해 다소 놀라기도 하고 고마워도 하는 눈치였다. 복도에서 만나면 표정이 한결 밝아지고 웃는 모습으로 인사했다. 늘 건들건들하고 시크한 표정의 아이가 저런 해맑은 미소를 가지고 있었구나 싶어 미안했고 지금이라도 마음을 조금이나마 보듬어 줄 수 있어서 다행이라 여겼다.

1년 뒤 이사로 못 다니게 되었는데 멀어도 영어는 꼭 우리 학원에 다닐 거라고 고집 피웠다고 한다. 자기 용돈으로 떡볶이랑 도넛을 사들고 마지막 인사를 하러 왔다. 눈시울이 붉어지는 걸 애써 눌렀다. 그날 밤의 대화가 없었다면, 내 마음속에 그 아이는 영원히 '화장에만 관심 있는 건들거리는 아이'로 남아 있었을 것이다.

학생의 아픔 안아주기

상위권과 하위권을 나누는 기준에는 객관적인 성적 말고 그 학생이 주는 분위기가 있다. '안정감'이다. 상위권 학생들 90프로는 '안정감'이 있다. 하위권 학생들은 태도가 불안정하다. 가만히 있지를 못 한다. 끊임없이 손톱을 물어뜯고, 머리카락을 만지작거리고, 5초 전에 한 말도 기억을 못 한다. 지시와는 다른 엉뚱한 행동을 한다. 시키는 것을 제대로 수행하지 못한다.

초등학교 5학년 때 만나 중1까지 다닌 남학생이 있었다. 학습능력이 현저히 떨어지고 무엇보다 언어 이해력 자체가 낮아서 교재의 한글 내용을 이해하지 못했다. 태도 역시 불량했다. 여러 면에서 선생님 힘들게 하는 아이였다. 정말 선천적으로 이해를 '못' 하는 것인지, 후천적으로 노력을 '안' 하는 것인지라도 알고 싶을 때가 많다. 아이의 독특한 상황과 특징을 모르면 무조건 못한다고 화를 내서 아이에게 깊은 상처를 줄 수 있다. 나는 이것이 두렵다.

"원장님 상담드릴 일이 있어서 찾아뵈려 구요."

늘 머리를 지끈지끈하게 했던 이 남학생의 어머님께서 상담을 청하셨다. 항상 과제, 특히 주말 과제는 해 온 적이 없어서 늘 나와 담당 선생님께 야단을 맞았다. 안 한 이유를 물어도 대답마저 안 하니 여간 고민스럽지 않았다.

어머님은 과제를 못 하는 이유와 학습능력이 부족하고 태도가 불안정한 것에 대해 솔직히 말씀해 주셨다. 이렇게 터놓고 말씀해 주시는 경우가 드물다. 부모님 이혼으로 주중에는 어머님과 주말에는 아버님과 함께 지낸다고 한다. 그래서 일주일에 한 번 만나는 아버지와 시간을 보내느라 주말 과제는 하기 어렵다고 하셨다. 아이가 어렸을 때 부모가 싸우는 모습을 자주 봐서 심리적으로 불안한 상태라 3년 간 심리치료를 받으러 다니고 있다는 말씀도 해 주셨다. 말씀드려야 하나 말아야 하나 고민이 많이 되셨는데 매일 학교와 학원에서 야단만 맞고 오는 아이가 가엽다는 생각도 들고 선생님들도 얼마나 힘드실까... 하는 생각이 들어 어렵게 말씀을 꺼내신 것이다.

어머님이 다녀가신 후, 그 아이와 대화하는 시간을 짧게라도 내보려고 노력했다. 마음이 아픈 아이. 자기가 선택할 수 없었던 상황으로 어릴 때부터 상처받은 아이. 야단맞는 게 익숙했을 아이. 내 학생의 마음을 들여다보니 어여쁘지 않은 아이는 없더라.

넘치지도 모자라지도 않은 학생과의 거리

학생들을 만나는 90프로의 시간은 철저히 무시무시한 학원 경영자이자 교육 전문가로서 대했지만 10프로의 시간은 해 달라는 것은 무엇이든 다 퍼 주는 다정한 이모, 어떤 말도 나눌 수 있는 친구같이 대했다.

'선생님 내 얘기 들어줘서 고마워요. 맛있는 거 많이 사 주셔서 감사합니다.' 그만 둘 때도 시간이 흐른 뒤에도 학생들이 하는 말이다. 실제 이런 시간이 무척 짧았는데도 아이들에겐 좋은 기억으로 남는 것 같다.

언어를 가르치는 선생님은 학생과 상호 교류할 줄 알아야 한다. 선생님이라고 해서 다 알고 있다는 자만한 태도가 아니라 선생님도 학생을 통해 배울 수 있다는 겸손한 태도를 지녀야 한다. 학생의 생각과 개성을 존중하고 학습촉진자로서 의무를 다 해야 한다. 단, 주의할 것이 있다. 학생들에게 자유를 주면 떠들고 의사를 존중해 주면 선생님 머리 꼭대기 위에 앉으려 한다. 동기부여를 해 주려 하면 잔소리로 여기거나 귀찮아한다. '90프로 호랑이 선생님, 10프로 친구 같은 선생님'이 되어 주자. 딱 이 정도의 거리가 좋다. 그 10프로가 학생들의 마음을 따뜻하게 감싸줄 수 있다.

05

밥 잘 사 주는 호랑이 원장 선생님

초심을 찾아 주는 옛 제자들

쌔~~~앰!!! 얼굴에 함박웃음을 달고 가슴엔 한 아름 빵 뭉치를 들고 찾아온다. 수능 끝나고 첫 아르바이트한 돈으로 초코파이를 사 온다. 군대에서 선생님이 생각나 전화를 하고 PX의 핫아이템 달팽이랑 마유 크림을 보내온다. 밸런타인데이, 화이트데이에 수줍게 사탕과 초콜릿을 내민다. 토익시험 친 날 의기소침해서 영어공부 잘하는 법을 물어 온다. 카톡이 울린다. "아잉~~쌤이랑 옛날처럼 밥 같이 먹고 싶어용~~!"

스승의 날, 크리스마스, 명절에 핸드폰이 바쁘게 울린다. 학원 초창기 끼고 가르치고 간식 해 먹이고 바깥에서도 군것질 많이 했던 오랜 학생들이다. 그 녀석들에게 나는 학원 선생님이자 큰 언니이자

막내이모 같은 존재였다.

초등학교 1학년 때 만난 코찔찔이, 머리에 자기 얼굴보다 큰 핑크 리본 달고 온 공주님, 엉망진창 검정 립스틱 바르고 오는 짜파게티 마니아, 입술이 늘 반질반질했던 튀김 왕자님, 조그마한 야단에도 눈물 글썽이던 내 사랑 울보, 선생님 힘들까봐 어깨 안마해 주던 효녀학생, 오늘도 깜!! 빡!! 잊고 안 가지고 왔을 게 분명한 숙제 깜빡이, 자기 먹던 과자 하나 집어 주는 천사표 겸둥이. 수업시간에 맨날 연필심 샤프심 부러지는 전교 꼴찌 연필심 킬러! 전교 1등 학생의 연필심은 부러지는 법이 없던데 참 이상타... 시험만 치르려 하면 샤프심도 갈아야 된대. 슬로비디오를 찍는 것처럼 손 부들부들 떨며 심 가는 오동통한 손을 보고 있자면 보는 사람도 조마조마했다. '하아... 드디어 넣었구나!' 무슨 월드컵 경기에서 한 골 넣은 것처럼 안심이다.

어릴 때의 모습대로 운동선수, 물리치료사, 영어 선생님, 무용가, 치과의사, 공무원, 피아니스트, 사업가가 된 옛 학생들이 놀러 오는 것만큼 가슴 벅찬 순간은 없다. 아무리 화나는 일이 있어도 이 녀석들을 떠올리면 나도 모르게 히죽히죽 한다. 나는 학생바보인가보다. 나도 기억 못 하는 내 20대의 모습을 고스란히 기억하는 보배들이다. 열정이 식어갈 때마다 나를 재충전해 주는 이들이 많아 나는 참 행복한 사람이다. 이젠 나보다 키 큰 성인이 되었지만 내겐 여전히 깨물어 주고 싶은 귀여운 악동들이다.

초코파이는 정을 싣고

가정형편이 넉넉지 못한 친구 사이인 두 여학생이 있었다. 다른 아이들과는 전혀 어울리지 않고 오로지 둘이서만 같이 다녔다. 영어 과목의 특성상 회화와 영작을 통해 학생의 생활모습을 엿보게 되는 경우가 종종 있다. 패밀리 레스토랑에 한 번도 가보지 않았으며 외식을 아예 안 한다는 걸 알게 되었다. 어떤 곳인지 가보고 싶다고 했다. 두 아이를 따로 불러 뷔페에 데리고 갔고 고등 입학과 동시에 학원을 그만둔 뒤에도 파티하는 날은 오라고 했다. 고1 후반까지 연락을 하다 소식을 몰랐는데 수능 마치고 한 달이 지나 둘이 커다란 초코파이 상자 더미를 이고 방실 방실 웃으며 찾아왔다. 우리 학원에 다녔을 때 맛있는 음식 제일 많이 먹었다며 첫 월급으로 사 온 것이다. 철부지들이 표현은 안 해도 밥 사주고 평상시 간식 챙겨 주었던 것이 크게 와 닿았나 보다. 찾아오는 아이들 모두 내 것만 사 오는 것이 아니라 선생님들, 학원 동생들 먹으라고 자기 몸집만큼 한 아름 들고 온다.

자기 용돈 자기가 벌어야 하는 상황을 아는지라 뷔페에서 하루 종일 서빙했다는 말에 맘이 메였다. 나도 고등학교 졸업 후부터 일을 했으면서 같은 나이의 내 학생들이 일을 한다니 왜 그렇게 마음이 짠한지 모르겠다. 몸이 힘든 것 외에도 진상 손님, 맘이 맞지 않는 동료, 매서운 선배들로 인해 마음 다치는 일도 많을 것이 뻔히 보인다. 학원 다닐 때 야단도 많이 쳤는데 그때 혼내지나 말 것을... 후회가 밀려왔다. 사회에 나가면 울 일도 많을 텐데 내 곁에 있을 때 따뜻한 말이라도 더 해 주었더라면.. 나도 눈물 쏙 빠지게 혼냈으면서 내 학생들이 다른 사람한테 싫은 소리를 들었다니 참 마음이 쓰리다. 다행히 두 아이가 서로 의지하며 힘듦을 이겨내고 있어서 대견해 보였다. 내 눈엔 너무 어린아이들인데 합격과 동시에 대학 학자금을 갚아 나가야 한다는 현실이 안쓰러웠다. 성인이 되자마자 얻은 것이 수년간 갚아 나가야 할 공부의 대가라니. '이쁜이들, 빈손으로 와도 괜찮으니 자주 오렴. 너희들 자체가 선물이야. 배고프면 망설이지 말고 선생님에게로 와. 지금도 밥 잘 사 준단다.'

학생들이 학원 다니면서 가장 고대하는 순간은 파티이다. 보충할 때는 온갖 핑계로 빠지면서 파티 날에는 모든 스케줄을 취소하고서라도 온다. 유일하게 핑계가 없는 날이다. 소소하게는 학원에서 영화를 보며 떡볶이, 치킨을 먹고 일 년에 한 번은 패밀리 레스토랑에서 식사를 한다.

선생님들은 수업하는 게 훨씬 편하다. 준비부터 뒷정리까지 수업의 최소 5배 이상의 에너지가 든다. 그럼에도 하는 것은 보여 주기위함도 아니요, 학생들이 좋아하고 그 좋아하는 모습에 우리도 덩달아 시름을 잊고 행복해지기 때문이다. 이것이 아니라면 그 불편함과 힘듦을 참아 가며 준비할 이유는 없다. 요즘 아이들 영악하다 하지만 떡볶이 한 입에도 싱글벙글하는 모습은 아기 천사 그 자체이다. 이렇게 미소 지을 일 많은 직장이 대한민국에 또 있을까! 나는 학생바보 학원바보 뼛속까지 자랑스러운 학원인이다.

최고의 선물 삐뚤빼뚤 손 편지

나는 비록 무섭기로 소문난 원장이지만 선생님들과 학생들 간식은 소홀하지 않는다. 선생님들이 인수인계할 때 신입 선생님들께 꼭 밥 이야기를 하셨다. '원장님 밥 잘 챙겨 주세요. 여기 근무할 때 제일 잘 먹었어요.' 밥 잘 사 주는 내가 학생들에게서 가장 많이 받는 선물은 손 편지이다. 우리 학원은 학부모 선물을 일체 받지 않는다. 2년 전부터 확실히 정착했지만 그 전 까지는 수차례 공지를 해도 보내시는 분들이 계셨다. 불편하다 직접적으로 확실히 말씀드리고 그 이유도 설명해 드리니 그제서야 보내지 않으신다.

'보내지 말란다고 정말 안 보내도 될까? 우리 아이만 안 주는 건 아닐까?' 스승의 날과 명절 즈음에서 온라인 카페를 보면 선물 고민으로 도배가 되어 있다. 보내주신 선물을 받으면 느껴지는 것이 있다. '아... 나를 위해 직접 고민하시고 고르셨구나.' 아니면 '집에서 받은 선물 중에 안 쓰시는 것을 보내셨구나.'

내 아이의 부족함을 선물로 채우려 하시는 분들에게는 '선물이 아닌 부모님의 사랑과 관심으로 채워 주세요.' 다른 분들이 어떻게 하는지에 따라 줄지 말지 결정하시는 분에겐 '선물 고민 내려놓으시고 그럴 시간에 아이 숙제 한 번 더 봐 주세요.' 우리 아들, 딸 조금이라도 더 신경 써 주십사 해서 보내주시는 분에게는 '내 아이 기 살려 주고자 다른 아이 얼굴에 그늘지게 하지 마세요.' 정말 감사해서 보내시는 분에게는 '어떤 마음으로 보내셨는지 잘 알고 있습니다. 그래도 마음만 받겠습니다.' 이렇게 말씀드리고 싶다.

어머니가 쥐어 주신 선물을 손에 들고 오는 학생들의 표정은 밝고 의기양양하고 때로는 멋쩍어한다. 빈 손으로 온 학생들의 표정이 순간적으로 어둡게 변한다. 어른들의 행동으로 아이들의 표정이 어두워지는 일은 없기를 바란다. 아이들이 선택할 수 없는 일로 그 아이의 가치가 판단되어서는 안 된다. 우리 학원을 학부모 선물 금지구역으로 만든 가장 큰 이유이다.

선생님 입장에서 제일 좋은 선물은 학생들의 **삐뚤빼뚤** 손 그림, 손 편지이다. 세상에 단 하나밖에 없는 순수 결정체이다. 학원 벽의 반이 아이들의 작품으로 덮여 있다. 하트 **뿅뿅** 그려진 닭살 돋는 메모들과 실물보다 100배 날씬한 내 모습을 보고 있자면 하루의 피로가 씻겨 나간다.

사춘기가 된 학생들이 힘들게 하는 순간이 있다. 방글방글 웃던 어릴 적 모습은 온데간데없고 세상 불평불만 가득한 낯선 학생이 있다. 미움이 벅차오를 때 그 아이들이 초등 저학년 때 써 준 메모와 그려준 그림을 보며 마음을 가라앉힌다. 부끄러운 마음이 든다. 선물 고민하는 지인들에게도 종종 말한다. 아이 손 편지가 최고의 선물이니 엄마가 대신해 주지 말라고. 엄마의 선물은 순간이지만 아이의 선물은 평생 마음에 담겨 있어 힘들 때마다 꺼내 본다.

06
—

교육비 연체가 남긴 깊은 상처

교육비 수납은 최대 난제

　　손해를 보면서까지 퍼 주는 거 좋아하고 정에 약해 부탁은 거절하지 못하며 남에게 티끌만큼도 싫은 소리를 못한다. 일상에서 내 모습이다. 당차고 결단력 끝내주는 카리스마 있는 원장으로 소문이 자자했지만 유독 돈 문제만은 야물지 못했다. 학창 시절 학교 수업료 못 냈던 경험까지 있어 학생들 얼굴을 보면 차마 말이 안 나왔다. 속으로 끙끙 앓으면서 주실 때까지 기다렸다. 모든 학생들 다 받을 때까지 신경 쓰고 있어야 하니 365일 내 머릿속은 교육비 문제가 둥둥 떠다녔다.

　　11년 전의 한 사건을 계기로 미납은 사라졌고 5년 전부터 결제 기간 내 결제비율 95프로이며 2년 전부터는 100프로이다. '돈 얘기는 왠지 꺼림칙하다.' 라는 마인드를 '당당히 받아야 하는 것' 으로 바꾸었다. "기간 내 결제 없으실 경우 등록 의사 없으신 것으로 알고 수업 준비하지 않습니다." 매달 습관적으로 늦는 분에게는 이런 내용의 문자를 보낸다. 마감일 마감시간까지 결제를 안 하시면 확인 차 전화나 카톡을 드린다. 예전처럼 1, 2주 기다리지 않는다. 어차피 해결해야 할 일, 미루지 말자. 미루는 만큼 내 스트레스만 가중되고 해당 학생을 편히 바라볼 수가 없다. 제 때 교육비를 받는 것이 학생을 위하는 일이다. 이렇게 할 수 있었던 것을 왜 진작에 하지 못했을까! 이 간단한 것을 나는 10년이나 걸렸지만 시간이 필요했을 거라 위로해 본다.

교육비 6개월 연체의 조울증 그 사람

2015년 이후 조울증으로 인한 사건사고가 뉴스에 심심찮게 등장했다. 암울한 소식을 접할 때마다 떠올릴 수밖에 없는 학부모형이 있다. 2009년도였다. 1년 다닌 중학교 1학년 남학생이 있었다. 학습역량이 보기 드물게 낮았고 학원에만 오면 엎드려 잤는데 중1 입학하면서 더욱 심해졌다. 선생님이 무슨 말을 해도 대답이 없이 망부석처럼 앉아 있거나 책상에 얼굴을 밀착시켰다. 어머니는 첫 달부터 제대로 교육비를 주신 적이 단 한 번도 없었다. 습관적으로 늦으셨고 교육비 안내 문자를 재차 보내어도 양해의 말 한마디 없었다. 3주차 무렵에 주던 교육비는 6개월 체납으로 이어졌다. 교육비는 감내하더라도 아이의 태도는 도저히 받아들일 수 없었다. 그 반 전체 학생이 불편을 겪었음은 물론이요, 담당 선생님의 고충도 심해서 아예 상담실에 따로 자리를 마련해 주었다. 어느 날 아이에게 진지하게 물었고 어쩐 일인지 대답을 했다.

"학원 와서 잠만 자는데 왜 다니는 거야?"
"엄마가 눈앞에서 왔다 갔다 하지 말고 학원이나 가라고 해서요. 여기와 있을 땐 엄마 잔소리 안 들어도 되잖아요."

한편으론 아이가 안쓰러웠다. 정상적인 말과 행동을 하지 않는 아이라서 조심스럽고 괴로웠다. 이 학생은 내가 가장 고마워하는 학부형의 소개로 들어왔다. 스무 명이 넘는 학생을 소개 시켜 주셨는데도 생색내지 않으셨다. "내가 일부러 소개시켜 준 게 아니고 그냥 있는 그대로 말했을 뿐이에요. 나는 한 일이 없어요. 원장님이 워낙 잘 가르치셔서 그래요"라며 감사의 표시도 부담스러워 하셨다. 그 지역 모든 어머님들께 존경을 받는 분이셨다. 그래서 여러 문제점이 예견되었지만 쉽게 결단을 내릴 수가 없었다. 더 이상 묵인하기가 어려워 진지하게 예의를 갖추어 전화를 드렸다.

"J가 중학생이 되었고 이제 내신시험도 치러야 하는데 학원에 와도 배우는 것이 없습니다. 여러 차례 말씀드린 대로 오면 엎드려 잡니다. 저희 학원이 J에게 아무 도움이 되지 못합니다. 더 맞는 학습 방법을 권해 드리고 싶습니다."

"학원에서 자는 건 알고 있어요. 학원이 학생 한 명이 아쉬울 텐데 우리 아이를 위해 솔직히 말씀해 주셔서 감사합니다."

어머니는 이미 생각하고 있으셨다는 듯이 담담하셨고 오히려 여유 넘치는 목소리로 감사하다는 말을 하셨다. 그 전화 후에, 아이는 나오지 않았다. 6개월이나 교육비를 안 내신 상태였지만 역시나 어떤 말도 없으셨고 나도 받을 생각이 없었다. 온갖 스트레스를 받았지만 잘 마무리가 된 것 같아 홀가분했을 뿐이었다. 그런데 삼사일 뒤에 갑자기 학원 핸드폰 문자로 이런 메시지를 보내 왔다.

"좋은 하루 되세요!^^"

의아했지만 나는 교육비 안 준 것이 미안해서 이렇게라도 표현한 것이라고 생각했다. 내가 순진했다. 문자 온 다음날 교육청에서 전화가 왔다. J의 어머니가 자기 아들은 아무 잘못도 없는데 학원에서 쫓겨났다고 교육청에 민원을 넣었다. 교육청 관계자는 이렇게 말했다. "어머니가 너무 흥분상태셨습니다. 민원이 들어와서 일단 확인 전화는 드렸습니다. 만나서 이야기하시고 잘 해결해 보세요." 그리고 이틀 뒤 한국 소비자 고발센터와 다산 콜 센터에서도 민원접수가 되었다며 전화가 왔다. 소름이 끼쳤다. 세 군데에 나를 고발한 후 스마일 문자를 보낸 것이었다. 그리고 그 사람과 그 남편이 학원으로 전화하기 시작했다. '너 때문에 우리 와이프가 울고불고했어.' '너, 선생님과 학생들 있는 데서 머리채를 잡고 끌고 다닐 거야. 망신 좀 줄까. 내가 전단지 만들어서 너네 학원 아무도 못 다니게 동네에 다 뿌리고 맘카페에도 올릴 거야.' '너, 아무도 모르게 없어질 줄 알아.' 부부가 낮에는 학원으로 밤에는 핸드폰으로 전화와 문자를 보냈다. 입에 담지 못할 욕설을 퍼부었다.

경찰에 신고하고 싶었다. 그런데 유난히 말수 없는 아이, 오갈 데 없어 학원에서 잠자는 아이. 내가 신고를 해서 사건이 커지면 학교나 다닐 수 있을까? 더 엄청난 일이 벌어질까 두려웠다. 그 사람들은 내가 경찰에 도움을 요청하면 동네에서 학원 운영하기 어렵다는 걸 이용했다. 학생들이 폭력을 당하고도 부모님과 주위에 알리지 못하는 심정이 이런 것이었을까.

오십을 바라보는 그 사람들에게 내가 그리 만만해 보였던 걸까. 폭

언과 협박에 시달리던 나는 다 내려놓았다. 그리고 전화를 했다. '학원을 접겠다. 그런데 내가 그만두는 이유를 지금 학생들 학부모들도 당연히 아셔야 한다. 나에게 한 말과 행동을 그대로 말씀드리고 문자내용 공개하겠다. 그런 수모를 당할 만큼 잘못한 일이 없다. 나는 학원을 내려놓고 떠날 것이라 이제 무서울 것이 없다. 무슨 요일 몇 시에 모든 분들께 공지할 것이다. 변호사에게도 자문을 구했다.' 이런 내용을 전했다.

다음날, 언제 몇 시에 학원에서 보자는 문자가 왔고 나는 변호사와 동석하겠다는 뜻을 전했다. 당황스러웠는지 갑자기 순한 양이 되었고 만나기로 한 날보다 앞서 남편과 함께 찾아왔다. 남편은 본인이 아내 말만 듣고 나를 오해해서 그렇게 행동한 거라 사과했다. 아내가 조울증이라서 감정 기복이 몹시 심하니 이해해 달라 했다. 교육비 한 달 밀렸다고 들었다. 미안하다. 한 달...이라구? 대화 도중 알았다. 아이가 학원에서 잠만 자는 걸 알면서도 꾸역꾸역 보낸 것이 남편에게서 학원비를 타기 위함이었다는 걸. 나는 차마 그 자리에서 한 달이 아니라 육 개월입니다...라고 말하지 못했다. 그 엄마의 숨은 모습이 두려웠다. 남들이 보기에는 말수 없고 교양있고 점잖은 사람이었다.

더 이상 보고 싶지 않아 억지 화해를 했다. 돌아 간 후, 문자가 왔다. '교육비 6개월 밀린 거 신랑한테 말 안 해서 고마워요.^^ 학원 번

창하세요.' 나는 이 사건 이후로 학부형과 거리를 두었다. 누구도 믿지 못했다. 교육비를 연체하는 사람은 크던 작던 문제를 일으킬 가능성이 크다는 것을 경험했다. 교육비 미납은 '이해' 하지 않기로 했다. 정확한 방침을 정해 지키실 분들만 등록할 수 있도록 했다. 이게 내 노하우의 시작이다. 교육비 수납에서 겪은 시행착오를 통해 개선해 나간 과정은 다음과 같다.

07
—

교육비 미납 0프로 노하우

학원 운영자들의 최고 근심거리는 강사와 교육비 미납 문제이다. 강사를 둔 학원을 운영하다 1인 학원 형태로 전환하시는 분들이 많아졌고 코로나 사태를 겪은 뒤라면 더욱 그럴 수밖에 없다. 전국의 대다수 학원이 이 바이러스로 인해 휴원이나 원생 감소의 아픔을 안게 되었다. 급격한 매출 감소로 원장 수입이야 감수를 하더라도 강사 급여와 상가 월세는 원장이 해결해야 할 문제이다.

"휴원 중인데 강사 급여 어떻게 해야 할까요? 다 드려야 할까요?"

"교육비 환불이나 이월은 어떻게 해야 할까요?"

"교육비 미납으로 고통받고 있는데 상황이 이러니 더 힘이 듭니다. 폐업하고 싶어요."

평소에도 늘 화두였던 이 두 문제는 코로나 사태로 증폭되었다. 강사 문제는 1인 운영 형태로 전환하면 해결되겠지만 교육비는 사교육에 종사하는 한 피할 수 없는 업무이다. 국가비상사태에서 이미 받은 교육비를 이월하거나 환불하는 것은 문제가 아니나, 미납과 체납은 벼랑 끝에 간신히 서 있는 사람을 밀어 버리는 형상이다. 나는 앞의 사건을 계기로 교육비 미납 0프로를 만들기 위해 노력했다.

원장의 마인드부터 바꿔라

창업 초기 나보다 최소 열다섯, 최대 서른 살 많으신 학부형에게 교육비 이야기 꺼내기가 어려웠다. 원비 밀렸다는 얘기를 하려고 전화를 힘들게 해 놓고 학습 상담만 한 채 끊었다. 그 전화를 하기까지도 얼마나 망설였는데 정작 목적은 달성하지 못하고… 다시 속앓이하고… 이것은 원장의 나이에 상관없이 누구에게나 쉽지 않은 문제다. 가장 안타까운 것은 형편이 어려우신 경우다. 한 달이 수개월이되고 미납 금액이 백 단위가 넘어 간다. 형제 회원이면 액수는 배로 늘어난다. 무엇보다 아이의 얼굴을 보면 그만두게 할 수 없었다. 공부를 안 하는 것은 학생 탓도 있지만, 교육비는 온전히 부모의 책임이다. 아이들의 얼굴에 그늘지는 게 마음이 무거웠다. 원장들이 더욱 힘들어 하는 이유이다.

티칭을 겸하는 원장들은 돈 문제에 비교적 소극적이다. 돈 밝히는 원장으로 비칠까 우려되고 무엇보다 중간에 학생이 있어서이다. 하지만 교육비 수납에서만큼은 교육자가 아닌 사업가 마인드를 장착해야 한다.

나는 이렇게 되뇌며 마인드를 바꾸었다. '편의점에서 천 원짜리 생수 한 병을 사도 계산 먼저 하고 마실 수 있는 것 아닌가.' '교육비를 제 때 받는 것이 학생을 위한 길이다.' 학생 때문에 교육비 얘기를 못 꺼내는 것이 아니라 그 아이에게 최선을 다하기 위해 입이 안 떨어지더라도 당당히 결제해 주실 것을 말씀드렸다. 진심이다. 학생에게 최선을 다하고 싶다는 것. 그랬더니 용기가 생겼다.

눈에 안 보이는 교육상품이다 보니 아차! 실수하실 때도 있고 한마디 양해도 없이 습관적으로 쓰시는 분들도 계시다. 처음부터 예외를 두어서는 안 된다. 잘못된 행동에 대해서 관용을 베풀지는 말아야 한다. 교육비에 대한 원장의 생각을 바꾸는 것이 첫 번째이다. 겪고 나서야 깨달은 것은 교육비 미납의 80~90프로는 원장의 확실한 태도에 따라 충분히 해결될 수 있다. 이 사실을 마음고생 심하게 하고나서야 깨달았다.

첫 입학 상담 시, 교육비 납부 원칙 분명히 전달하자

첫 달부터 교육비를 늦게 내시는 분들이 의외로 많다. 상담 시 교육비 날짜나 결제 방법을 먼저 물어보시는 분은 제 날짜에 결제하실 확률 90프로 이상이다. 몇 년을 다녀도 늦게 내시지 않는다. 교육비에 대해 물어보지 않고 두루뭉술하게 넘어가시는 분들은 첫 달부터 교육비 안 낼 확률 50프로 이상이다. 이런 성향의 분들에겐 교육비 입금 확인되어야 첫 수업 시작한다는 것을 상담 시 명확히 강조해야 한다. 수업 하루 전, 늦어도 첫 수업 시작 전까지 결제하는 것을 원칙으로 한다. 하루 전까지 결제 없으실 때에는 등원 알림 문자와 함께 결제 방법을 다시 공지해 드린다. 수업 때 아이 편에 카드를 보낸다거나 어머님께서 직접 들르신다고 답장이 올 때가 많다. 보내신다고 했는데 막상 깜빡 잊으시기도 하고 아이가 안 챙겨 오기도 한다. 이유불문하고! 첫 수업 전에 해결해야 한다. 코로나 여파로 스마트폰으로 바로 결제할 수 있는 비대면결제방식이 활성화되면 카드가 오고 가는 일은 점차 역사 속으로 사라지지 않을까 싶다. 예전의 교육비봉투가 사라진 것처럼.

소개로 온 분들에게도 당당하게

교육비 이야기 꺼내기가 특히 어려운 상대는 소개로 등록하신 경우이다. 이 분들의 미납이 가장 많았다. 아예 모르는 분이라면 사무적으로 말을 꺼냈을 텐데, 어머님들끼리 서로 얽히고설킨 관계라서 냉정하게 말하기 어려웠다. 특히 친인척 관계라면 더욱 그렇다. 말하지 않으면 늦게 내도 되는 학원이구나! 라고 생각한다. 특정인에게 편의를 봐 드리지 말자. 교육비 수납은 특히 공정할 필요가 있다. 감정을 배제하고 원리원칙대로 해야 한다. 소개해 주신 분과의 인연을 생각하지 말자! 교육비는 정해진 대로 확실히 받고 다른 것으로 마음을 써드리는 편이 낫다.

습관적으로 늦게 주시는 분들

우리 학원은 결제 일주일 전, 하루 전, 당일에 교육비 안내 문자를 드린다. 어머님들 성향에 따라 1번만 보내기도 하고 습관적으로 늦는 분들에겐 세 번을 다 보낸다. 세 번을 보내도 깜빡 잊었다며 늦게 주신다. 결제를 안 했다는 것을 알면서도 아이는 계속 보내고 언제 주겠다는 말도 없다.

예전에는 문자만 보내고 기다렸다. 지금은 결제 마감일에 연락이 없으면 직접 전화한다. '등록 의사가 없으셔서 결제 안 하신 건지 깜빡 잊고 안 하셨는지 확인 차 전화드렸습니다.' 원장의 정신 건강을 위해 교육비 문제는 끌지 말고 바로 해결해야 한다. 종종 늦는 분에겐 가장 효과적인 멘트는 '수업 중지' 이것뿐이었다. 하기 싫은 말이다. 이 말까지 해야 하나? 회의감이 들었다. 하지만 사무적으로 안내

하니 편안해 졌고 오히려 강력히 말씀 드리니 더 조심하고 미안해 하셨다. 그 후로는 늦게 내시지 않았다. 늦게 내면 안 되는 학원이구나! 확실히 인지하신 것이다. 다음은 실제 어머님들께 교육비 문제로 보낸 공문의 일부이다. 교육비를 늦게 낼 때 원장의 기분이 어떤지 알려드리고 싶었다.

'이해를 돕기 위해 자주 이용하시는 슈퍼마켓을 예로 들어 보겠습니다. 카운터에 주인이 앉아 있습니다. 손님이 말 한마디 없이 물건을 그냥 가져갑니다. 그것도 여러 번. 주인이 버젓이 앉아 있는데도요. 손님이 주인의 직계 가족이나 친인척 간이라 해도 있어서는 안 될 일이라 생각합니다. 교육은 눈에 보이지 않아도 선생님의 에너지와 시간이 투자되는 '상품'입니다. 양해의 말씀 한 마디 없이 학원 상품을 쓰는 것은 운영과 티칭 의욕을 저하시킵니다. 회의감이 들게 합니다. 이런 기분으로 학생들에게 최상의 교육을 제공하기 어렵습니다. 불필요한 업무에 신경을 쓰느라 정작 가장 중요한 일을 소홀히 하게 됩니다. 교육비를 안 내고 다니는 학생이 있다면 내고 다니는 학생들과의 형평성 문제가 있습니다. 이러한 이유들로 교육비 납부에 관한 원칙을 다시 명확히 공지해 드리고 예외를 두지 않으려 합니다.'

평소 문자를 잘 하지 않던 분들도 연락을 주셨다. '원장님 그동안 많이 참으셨네요.' '마음고생 많으셨겠어요.' '같은 엄마 입장에서 아이 교육비를 습관적으로 늦게 내는 엄마들 이해 안 가요.' 결제일에 결제해 주시는 비율이 높아졌다.

첫 수업이 가장 중요하다

첫 수업 시 결제하지 않고 아이들만 보내는 경우가 빈번하다. 분명 아이 편에 보내신다고 하셨는데 깜빡 잊었다는 답변이 많다. 첫날 그냥 넘어 가지 말고 수업 전 전화 통화해서 '우리 학원은 교육비 결제 전 수업 하지 않는다.'라는 인식을 확실히 심어 주어야 한다. 카드 못 보내셨으면 계좌이체 해 주실 것을 요구해야 한다. '다음 수업에 보내주세요.'라고 하지 말자! 대부분 바로 이체해 주시거나 당일 날 와서 카드 결제하신다. 교육비를 못 받았는데 그 신입 학생과의 첫 수업이 즐거울 수가 있 겠는가? 다음 시간에 보내 주겠다고 하시지만, 그 다음 시간이 되었을 때 또 안 보내신다. 주실 분 같았으면 첫 수업 때 반드시 챙기신다. 첫 수업 시, 교육비를 받고 시작해야 하는 것! 이것이 가장 중요하다. 다음 부터 늦지 않으신다.

08

건물주와의 분쟁, 기록만이 살 길이다

코로나 전염이 국가비상사태로까지 퍼지자 학원을 비롯한 자영업자들의 짐을 덜어 주려는 '착한 건물주 운동'이 생겨났다. 월세 감면받았다는 이야기, 선한 건물주를 칭찬하는 글이 온라인 카페에 올라온다. 계약에 따라 인상하는 건물주도 드물지 않다. 자영업자에게 이런 시기에 인상이라니. 임차인에게는 놀라움을 금치 못할 일이지만 임대인 입장에서야 그저 애초에 계약했던 대로 하는 것일 수도 있다. 건물주가 어려움을 겪는다고 세입자가 자처해서 월세를 인상해 드리거나 편의를 봐 드리지 않는 것과 같다.

상가 계약은 보증금과 인테리어 투자비가 몇 천에서 몇 억까지 드는 신중한 일이다. 그 만큼 명확하고 투명하게 매 과정을 '기록'해야 한다. 보증금은 돌려받을 수 있지만, 인테리어 비용은 5천만 원을 들였어도 나올 때 아예 못 받거나 철거까지 하느라 이중 삼중고를 겪을 수 있다.

기록하지 않아 억울하게 겪은 건물주와의 전쟁

자기 계발 서적을 20대 초반부터 탐독해 왔다. 성공한 사람들은 시간 경영에 능숙하고 메모를 생활화한다는 공통점이 있었다. 내 주위를 둘러 봐도 한 분야에서 인정받는 위치에 있는 분들 역시 마찬가지였다. 지나간 일에 후회하지 않는 내가 하는 것이 한 가지 있다. 바로 '기록'이다. 메모 습관이 없었고 그나마 있는 흔적들도 그 당시에는 필요 없을 것 같아 삭제하곤 했다. 책을 쓰며 다시 후회했다. '세상에 필요 없는 기록은 없구나! 남아 있었다면, 도움이 되는 내용을 더 알차게 담을 수 있을 텐데..'

《성과를 지배하는 바인더의 힘》 저자 강병규 대표는 말한다. "찰스 다윈은 적자생존(適者生存)을 주장했다. 환경에 적응하고 강해야만 살아남는다는 의미이다. 그런데 필자는 이를 바꾸어 사용한다. 적자생존이란 '적는 자가 생존한다.'는 뜻이다. 물론 우스갯소리지만 기록의 중요성을 말하는 데는 틀림없는 말이다." 나는 이 글을 읽고 한 눈에 반해 버렸다. 내 경험들이 떠올라서이다.

기록하지 않은 불찰로 내가 겪었던 일들은 수없이 많다. 한 건물주와 있었던 일이다. 맘에 쏘옥 드는 학원 자리를 발견했고 매일 밤 갔다. 밖에서 창문을 쳐다보며, 저곳이 내 학원이 되었음 좋겠다... 달을 보고 소원을 빌며 발걸음을 돌렸다.

도보 5분 거리 5천 세대 대단지 아파트로 둘러 싸여 있고 초중고가 있는 사거리 코너 2층이었다.(건물은 총 3층) 마을 주민 대부분이 학원 앞을 지나칠 수밖에 없었던 명당자리였다. 17년 전, 보증금 삼천만 원에 월세 100만 원은 내겐 무척 큰 금액이었다. 꼭 잡고 싶었던 곳이라, 보증금을 천으로 낮추고 월세 20만 원 인상하는 것으로 계약했다. 60대 중반의 건물주 부부는 어리고 능력 있어 보이는 나를 무척 마음에 들어했고 잔금 치르는 날 이런저런 덕담도 해 주었다. 20대 순진하고 꿈에 부푼 가슴을 안고 있던 나는 이렇게 생각했다.

'돈만 밝히는 못된 건물주도 많다던데 난 정말 행운이야!'

건물 2층 우리 학원 출입문 앞에는 10평 정도의 빈 공간이 있었다. 건물주는 이 공간을 그냥 놔두기 아까우니 교실을 더 만들어 활용하라 했다. 그때 당시 40년 된 오래된 건물이었는데 구조가 복잡하고 이상했다. 이전 후 학원은 무서운 속도로 성장했다. 서서라도 수업 받겠다는 학부모들이 늘어 갔다. 겨울에 일찍 오는 학생들이 추위를 피할 곳이 마땅치 않아 계약 때 주인이 말한 것이 생각나 전화했다.

"그 빈 공간에 교실 지어도 된다는 말씀이 생각나서 전화드렸어요."

이미 전담 부동산을 통해 소문을 들은 건물주는 매우 좋아하며 어서 지으라고 독려했다. 대충 일처리를 하지 않았던 나는 주인 허락 후, 건축사무실 하는 지인과 정식 허가받은 인테리어 업체에 문의해서 현장 점검을 받았다. 그리고 설치 가능하다는 답변을 받아 300만 원을 들여 학생과 학부형 대기실 겸 독서공간을 카페처럼 지었다. 빈 공간은 10평이었지만 인테리어 사장님의 조언에 따라 법에 저촉되지 않는 범위에서 6평 규모로 설계했다. 4년 있는 동안 주인은 1년마다 월세 인상 요구를 해 왔다. 학원이 잘 되었고 우리 학생들이 겨울엔 따뜻하게 여름엔 시원하게 배고플 땐 편히 간식 먹을 수 있는 곳을 허락해 주신 게 감사해서 군말 없이 계속 인상해 드렸다.

학생 수가 더 늘어 계약 만료일에 맞추어 다시 맞은편 건물로 확장 이전을 결정했다. 원상복귀 원칙에 따라 내가 지은 것들을 깔끔히 철거할 계획이었다. 그런데 주인은 그 6평 공간이 탐이 났는지 그것만은 놔두고 가라고 했다. 보증금은 세입자가 구해지지 않아 당장은 못 준다는 말과 함께. 나중에 알고 보니 같은 건물 피부숍에서 주인에게 그곳을 월세 사용료를 주고 본인이 사용하겠다고 했고 다음 세입자도 구해지지 않았으니 주인은 흔쾌히 허락했다. 철거하지 못하게 했던 이유였다. 피부숍에서 몇 달 사용하다가 이전했고 내 다음 세입자인 수학학원이 들어오면서 이곳에서 사용했다. 몇 달이 지나 갑자기 학원으로 건물주 전화가 왔다.

"너 때문에 고소당했으니까 벌금이랑 철거비 오백 만원 물어 내!"

전후 사정은 이랬다. 새로 들어온 수학학원 원장이 6평 아지트를 10평으로 꽉 차게 증축했던 모양이다. 그런데 너무 욕심을 낸 나머지 증축한 면의 일부(지붕)가 옆 건물에 딱 닿았다. 두 건물은 하나로 보일 정도로 붙어 있었다. 옆 건물주와 그곳의 임차인이었던 수학학원 원장은 내가 있었던 곳에 불법건축물이 있다고 구청에 신고했다. 새 세입자는 증축할 때 무허가 업체/목수에게 건축법 저촉 여부를 의뢰하지 않고 지었다. 설상가상으로 건물의 다른 불법적인 것도 함께 적발되어 일이 커졌던 모양이다.

주인의 허락과 전폭적인 지지를 받고 교실을 최초로 지었던 나

철거하고 나오겠다는 걸 놔두고 가라 했던 건물주

내가 지은 공간을 사용하고 싶었던 피부숍 원장

무허가 목수에게 증축을 맡겼던 새 세입자 수학학원 원장

교실의 증축 지붕면이 자기 건물에 딱 붙어서 기분 나쁜 옆 건물주

바로 옆에 수학학원이 들어와서 스트레스 최고치였던 옆 건물 수학학원 원장

매듭을 찾을 수 없는 실타래 같은 이해관계 속에서 이전 건물주는 애초에 그걸 지은 내게 모든 책임을 물었다. 학원으로 전화를 걸어 화풀이를 했다. 주인은 자기가 지으라고 한 적 없는데 내가 허락 없이 지었고 철거하라 했는데 내가 하지 않은 것이라 했으며 피부숍에서 사용료 받은 적 없다며 강력 반발했다. 계약 당시 주인이 했던 모든 말은 기록에 없었다. 전쟁과 같았다. 그날들이... 사건의 결말은 그 교실은 철거되었고 주인과 새 세입자가 벌금을 무는 것으로 끝났다. 그 과정에서 도움을 주신 건 부동산 사장님, 인테리어 사장님, 피부숍 원장님이셨다.

부동산 사장님 증언: 주인이 지으라 했고 철거하지 말라 했다.

인테리어숍 사장님: 법에 저촉되지 않는 규모로 합법적으로 지었다.

피부숍 사장님: 건물주에게 사용료 주었다.

주인과 오갔던 이야기를 기록으로 남겼으면 그렇게 협박 전화를

해대며 괴롭히지 못했을 것이다. 주인은 자기가 잘못했다는 것을 알면서도 화풀이 상대가 필요했다. 매년 월세 인상에 합의하고 월세 꼬박꼬박 주었던 어린 세입자가 제일 만만했겠지. 사건을 잊어버릴 즈음 그 건물을 지나가게 되었다. 휑하게 변해 잡동사니가 쌓인 그 추억의 공간을 보자 마음이 아렸다. 그곳을 떠나올 때는 누군가에도 행복한 공간이 되길 바랐다. 나와 내 학생들이 그랬던 것처럼.

기록을 생활화하자

창업 및 사업을 준비하시는 분들은 나이가 어릴수록, 기댈 곳이 없을수록 모든 과정 철저히 기록하고 보관해야 한다. 일기장, 바인더, 블로그, 카페 등을 통해 기록을 축적해 나가기를 바란다. 나를 지키는 가장 든든한 보험이다. 시설원상복귀범위, 세금계산서발행여부, 간판 설치 협조 등을 계약서에 명시해 줄 것을 요구했다. 외벽에 손상이 간다는 이유로 간판, 에어컨 설치를 못하게 한 건물주도 있었다. 에어컨 설치는 너무나 당연한 것인데도 그 당연함이 누군가에게는 그렇지 않더라. 전화통화한 내용을 다시 문자로 보내어 확인받았다. 상대방에게 '꼼꼼히 기록하는 사람'이라는 인상을 심어 주는 것 또한 중요하다. 기록은 불합리한 상황에서 더 큰 위력을 발휘하는 강력한 무기이다.

09

경영 시스템과 수업의 표준화

학원은 특정 개인이 아닌 다수의 이익을 위한 곳이다. 타인에게 피해를 주지 않을 최소한의 공동체 규칙은 준수할 줄 아는 학생들이 다녀야 한다. 지키지 못한다면 개인과외나 가정학습이 맞다. 창업 초기는 어떤 성향의 학생을 만나게 될지 몰라서 원장의 경영 전략보다 학생과 학부모의 요구를 받아들어야 할 상황이 많지만 시간이 지날수록 학원만의 특색을 분명히 가져야 한다. 고객의 요구에 무조건 맞춰주는 학원보다 이끌어 줄 곳을 원한다. 시스템을 구축하면서 프랜차이즈의 장점을 생각해 보았다. 학원의 획일화된 그룹 수업에 대한 부작용으로 소수정예 또는 개별 맞춤 수업이 유행하고 있다. 이것의 장점은 유지하면서 프랜차이즈의 표준화된 시스템을 적용하였다.

다음은 실제 우리 학원의 관리와 수업 부분의 표준화 예이다.

관리/행정의 표준화

교육비

교육비 할인은 정해진 제도 안에서만 적용하고 예외를 두지 않는다. 학년과 과정이 같다면 모두가 같은 교육비를 낸다. 특강이나 심화과정을 두어 추가로 교육비를 더 받는 일도 없다. 필요해서 신청하는 특강이 아니라 다른 아이들은 다 하니까, 안 하면 왠지 학원 눈치가 보이니까 마지못해 하는 것을 바라지 않는다. 가정형편이 어려운 학생들에게 50프로 할인 또는 무상으로 제공해 주었다. 좋은 뜻으로 시작했지만 돌아오는 것은 더 큰 요구였다. 또한 그 기준을 정하기가 쉽지 않다. 가정형편을 속속들이 어떻게 알겠는가. 어림짐작하거나 학부모가 먼저 말해야 알 뿐이다.

"돈이 없어서 김치 하나만 놓고 먹을지언정 교육비는 당연히 제 날짜에 내야지요."

한 어머니께서 실제 하신 말씀이다. 듣는 순간 눈물이 핑 돌았다. 정작 할인을 해 주고 있는 학생은 늘상 외식하고 여행도 자주 갔다.

오히려 더 힘드신 상황인데도 단 한 번도 늦게 내신 적이 없다. 반면 중산층이상이면서 '밑져야 본전이지, 말이나 한번 해 보자.' 라는 마음으로 1-2만 원이라도 깎으려는 분이 있다. 우리 학원 교육비 깎아서 다른 곳에 더 다니거나 비싼 학원으로 옮기는 경우가 드물지 않았다. 이후로 객관성이 모호한 할인제도를 없애고 대신 장학제도를 만들었다.

장학제도

분기별(3, 6, 9, 12월)로 미션(특별과제)을 주어 열심히 참가한 학생들에게 소정의 장학금을 지급한다. 실시하는 이유는 크게 세 가지이다.

1. 동기 부여: 우수한 아이들에겐 실력을 앞당길 수 있는 발판을 마련해 주고 노력이 필요한 아이들에겐 영어와 친해지는 계기를 마련해 준다.

2. 다양한 학습기회 제공: 평상시에는 인풋 위주의 학습을 하지만 세 달에 한 번은 아웃풋 학습을 통해 균형 있게 영어를 습득하게 한다.

3. 세 달에 한 번은 집중학습: 영어는 꾸준함과 반복이 생명이지만 이것은 기본중의 기본이며 주기적으로 몰입과 집중학습이 반드시 필요하다.

상담

신입생이 오면, 한 달간은 이런 매뉴얼로 상담한다. 첫 수업 당일에는 전화를 드리고 그 외에는 문자나 카톡으로 사진과 함께 어떻게 적응해 가고 있는 지를 전해 드린다. 첫 수업 당일, 일주일 뒤, 다시 일주일 뒤, 2주일 뒤, 한달 뒤, 그 이후에는 특이 사항이 없는 한 분기에 한 번 학습 결과지를 보내드린다. 처음에는 자주 연락드리다가 점차 뜸해 지면 서운해 하실 수 있어서 미리 입학 상담 시 절차를 말씀드린다. 초등 저학년 학부모님은 자녀의 공부에 관심이 많으시다. 학원에서 일어나는 일을 세세히 알고 싶어 하신다. 첫째 아이라면 더욱 그렇다. 이 시기 학생들은 시간이 흘러도 한 달에 한두 차례 연락을 드리지만 초등 고학년 이상부터는 위의 매뉴얼을 지킨다.

학생들이 시험을 못 보면 안절부절 못하던 시절이 있었다. 시험 전에는 시험 대비로, 친 후는 결과 때문에 불면증을 앓았다. 어떻게 상담을 드릴까 가슴이 두근거리고 답답했다. 성적 결과가 모두 학원의 몫이 아닌데도 점수가 안 나오면 마치 죄인이 된 듯한 기분이 들었다. 7년 전부터 내신 성적 결과 상담을 하지 않는다. 성적이 좋다고 잘 가르쳐서라고 생각지 않으며 못 봤다고 잘못 가르쳤다고 생각지 않는다. 결과가 좋든 나쁘든 원인 분석은 철저히 해서 분기별 성적표 나갈 때 안내드린다. 입학 시 안내드린 커리큘럼대로 충실히 해 주었다면 학원의 몫은 다 한 것이다. 그것을 학부모님도 학생도 알고 있다. '내가 이렇게 안 해 주면 그만두지 않을까?' 라는 생각에 사로잡혀 운영할 필요는 없다. 학원이 최선을 다해도 갈 학생은 간다.

수업의 표준화

'특별히 특별한 학생은 없다. 모두가 귀하고 동등하다.' 내가 정한 우리 학원의 수업 표준화 원칙이다. 일반적인 마케팅 차원에서 보면 그리 효과적으로 보이진 않지만 학부모님들의 열렬한 호응을 얻고 있다. 학부모에게 불안감을 조성하지도 않으며 자녀만 특별 대우하겠다는 지키지 못 할 약속도 하지 않는다. 학원 커리큘럼 내에서 수업을 진행하고 개인의 사정은 반영하지 않는다. '내 아이랑 다른 아이를 똑같이 대우한다는데 기분나빠하지 않으실까?' 라고 우려했다. 하지만 원칙과 철학에 맞게 운영했을 때 따라오는 것은 학부모님들의 신뢰였다. 들쑥날쑥한 수업보다 예측 가능하고 일관된 수업이 학생들의 실력을 더 향상시켰다. 다음은 실제 수업 시간과 분량의 표준화에 관한 공문이다.

'선생님의 에너지는 무한한 것이 아니며 시간 또한 그렇습니다. 특정 한 아이를 오래 봐주다 보면 동시간대 다른 학생들이 마땅히 받아야 할 관심을 받지 못합니다. 내 아이가 다른 아이로 인해 지속적으로 관심을 못 받는다면 학부모로서 마음 아픈 일이 아닐 수 없습니다. 학년과 과정이 같다면 같은 교육비를 받습니다. 같은 시간을 할애해 줘야 합니다. 아이마다 역량이 다르고 부모들의 기대치 또한 다릅니다. 같은 60분이라도 누구에게는 충분한 시간이고, 누구에게는 턱없이 부족한 시간입니다. 그렇더라도 학습 역량에 따라 시간을 달리할 수 없습니다. 학원에서 부족한 모든 시간을 채워 주지 못합니다. 가정학습으로 보완해 주셔야 합니다.'

보충수업의 표준화

내 머리카락을 쭈뼛하게 하는 말이 있다. 선생님들 역시 신경이 곤두선다.

"원장님, 가족여행 가서 결석하는데 언제 보충해요?"

학원 입장에서 학부모의 보충 요구는 '쉴 때 쉬지 말고 우리 애 봐주세요.' 라는 말로 바뀌어 들린다. 이런 의도가 아니라도 말이다. 우리 학원은 매달 2회의 정규 보충수업이 있다. 수업을 빠졌을 때만 하는 것이 아니라 원하는 모든 학생들에게 제공한다. 물건을 구입했는데 마음에 안 들거나 하자가 있으면 환불받거나 교환을 한다. 교육

상품은 눈에 보이지 않아 그 기준이 애매모호하다. 그래서 '보충'에 관한 학부모의 불만이 높다. 매달 모든 학생들에게 보충수업을 제공하는 것은 일종의 리콜제도와 같다. 이 시스템은 나와 선생님들의 워라밸 생활과 학부형들의 보충 불만을 해소시켜주고 있다. 보충수업을 정규 프로그램으로 정착시킨 이유는 다음과 같다.

1, 정규수업만큼의 수준 높은 보충수업 제공

보충수업은 학원마다 정도의 차이는 있지만 신경이 많이 쓰이는 부분 중의 하나이다. 꼭 해 줘야 할 의무는 없지만 학습 상황을 고려하면 전혀 무시할 수도 없다. 그 기준(제각각의 개인 사정, 시간, 날짜, 보충 범위 등) 또한 애매모호하다. 하더라도 정규수업의 100프로를 하기란 사실상 어렵고 보여 주기 식으로 끝내기 쉽다. 보충으로 다른 수업시간에 오도록 하면 원래 그 시간에 오는 학생에게 피해가 간다. 학생들도 보충을 싫어하지만 선생님은 더 그렇다. 서로 마지못해서 하는 수업, 의무감에 가득 찬 보여 주기 식 수업은 하고 싶지 않다.

2, 학생들의 학습권 보호

개성 강한 학생들이 한 공간에 있기 때문에 변수는 항상 존재한다. 다른 학생들의 지각이나 태도불량으로 성실한 학생들이 피해 보는 일을 최소화시켜 주고 싶다.

3. 티칭에서의 부족한 점 보완

티칭은 실시간 에너지와 감정이 고갈되는 교육상품으로 항상 똑같이 최고의 컨디션으로 수업하지 못할 수 있다. 심화/보충수업을 통해 이런 점을 보완하고 싶고, 믿고 맡겨 주신 학부모님과 배우고자 찾아오는 학생들에게 더 효과 있고 탄탄한 수업을 제공하고 싶다.

사업은 내가 만들고 싶은 것을 만드는 것이 아니라 고객이 원하는 것을 만들고 제공해서 이익을 취하는 것이다. 우리 학원 학부모님과 학생들이 원하는 상품을 제공해야 한다. 학부모님들 불만 1순위는 보강 문제였다. 개인 사정으로 빠진 것이라 학원에서 보충을 해 줄 의무는 없으나 아이의 '어쩔 수 없는 상황'을 전혀 무시할 수도 없다. 새롭게 커리큘럼을 재정비하면서 이 문제부터 깔끔히 해소해 드렸다.

10

퇴원률 제로, 우리 학원만의 특장점

맛집으로 소문난 식당에 가면 인기비결이 무엇인지 생각하고 우리 학원에 대입해 본다. 대체로 합리적인 가격, 질 좋은 재료, 푸짐한 양 이 삼박자가 잘 어우러져 있다. 그다음은 비싸지만 그럴 만한 값어치가 있는 곳이다. 여름엔 콩국수를 즐겨 먹는데 단골 식당 두 곳이 이런 특색을 가지고 있다. 한 곳은 7,000원, 국산콩, 푸짐한 양으로 승부하는 곳이고 다른 곳은 12,000원으로 다소 비싼데 콩 국물을 미리 만들어 놓지 않고 즉석에서 갈아 주는 곳이다. 인테리어 또한 근사하다. 전자는 서민풍, 후자는 고급풍 콘셉트인데 두 어느 쪽이 낫다고 평가할 수 없을 만큼 흡족하다. 우리 학원은 서민풍 콩국수 맛집이다.

동네 숨은 맛집 같은 곳

내가 바라는 우리 학원의 모습이다. 고수들만이 그 가치를 아는 학원. 브랜드에 휘둘리지 않으시고 소신 있는 분들이 찾으시는 학원. 다음은 우리 학원의 장점들이다.

1. 합리적인 교육비

'가격의 거품을 뺐습니다.' 오래전 모 브랜드의 CF 문구였는데 꽤 유행해서 지금도 많이 사용되고 있다.

사교육비에 민감하다지만 학부형들의 학원 선택 기준이 교육비가 1순위는 아니다. 같은 동네라도 교육비가 몇 만 원씩 차이가 나는데 싸다고 선택하지는 않으신다. 하지만 관리나 수업 수준은 높은데 다른 곳과 비교해서 교육비 메리트까지 있다면 경쟁력 있다. 재등록이 상당히 높아 퇴원하는 학생수가 6개월에 1명 있을까 말까하다. 퇴원하는 유일한 이유는 중3이 고등종합학원으로 옮기는 것뿐이다.

2. 물샐틈없는 수업

수업 전 과정이 분단위로 계획되어 있고 그대로 시행한다. 단어시험 5분, 숙제 검사 5분, 문법 20분, 독해 20분 이런 식이다. 의외인 것은 타이트한 수업이 힘들어서 학생들이 그만둘 법도 한데 전혀 그렇지 않다는 것이다, 하물며 공부와 담쌓은 전교 꼴찌인 아이도 다른 학원은 몇 달에 한 번씩 바꾸면서 우리 학원만은 3년 이상을 다닌다. 학생들도 안다. 자기에게 도움이 되는 곳과 그렇지 않은 곳을. 수업 규칙을 지키지 않거나 다른 학생들에게 피해를 주는 학생들은 지도하지 않는다. 우리 학원에 맞지 않으니 다른 학습방법을 찾으라 하면 더 다니고 싶어 하고 노력한다. 선생님이 먼저 빈틈없는 모습을 보이면 학생들은 힘들어도 포기하지 않는다. 특히 우수한 학생들이 옮기는 일은 좀처럼 없다.

3. 원칙과 기본을 지키는 커리큘럼

첫 상담 시 안내한 커리큘럼을 100프로 지킨다. 실천하지 못 할 이상적인 커리큘럼을 만들지 않는다. 원장이 원칙과 기본 그리고 약속을 지키니 등록하시는 분들 성향도 비슷해져 간다. 간혹 학원 시스템에 없는 것을 요구하시는 경우가 있다. 한 명의 예외를 두면 다른 학생들 모두 다 들어주어야 한다는 것을 명확히 말씀드린다. 나는 학부형이 어려워하는 원장이다. 불필요하게 연락을 하지도 않으며 친한 척도 하지 않는다. 일부러 적절한 거리를 둔다. 학원 운영자와 교육 전문가로서의 모습만 보여 준다. 처음 등록 안내 시, 휴일이나 밤 10시 이후에는 긴급한 일을 제외하고는 연락을 자제해 달라고 말씀드린다. 학원 20년 했지만 학생에게 일어나는 긴급한 일은 없었다. 주로 연락 오는 것이 과제나 교재에 관한 것이었다. 학원 폰이 있음에도 원장 개인 연락처로 밤 10시 이후 연락이 오면 나는 이렇게 답변을 보낸다. '지금은 늦은 시간이라 쉬고 싶습니다. 내일 연락 주세요.' 나는 원칙대로 한 것이고 약속을 깬 것은 학부형이다. 내가 이렇게 말하면 기분 나빠하지 않을까 학원 그만두지 않을까 염려할 필요 없다. 더 조심하고 학생까지 덩달아 열심히 한다.

4. 모두가 동등하다

학원 마케팅 중에 흔히 가장 잘 먹히는 것이 불안감을 주거나 우리 아이만 특별하다는 인식을 심어 주는 것이라 한다. '자녀분만 안 해요.' '자녀분만 특별히 해 드릴게요.' 우리 학원에서는 금기어이다. 유료 특강도 없앴다. 정해진 교육비 외에는 어떤 추가 교육비가 없다. 특강은 필요해서 하시는 경우도 있지만 안 하면 학원에 눈치가 보여서 우리 아이만 안 하는 건 아닐까 염려되어 하는 경우도 드물지 않다. 나는 이런 게 싫다. 소비자가 진정한 필요에 의해 택하는 것이 아니라 그 외적인 문제로 하는 교육은 하고 싶지 않다. 특강이 필요하다 싶으면 방학을 이용해서 토요일 원데이 특강을 무료로 개설한다.

5. 객관적 평가

학생들 평가에 냉정하다. 내가 가르친 아이가 항상 잘하는 것도 아니요 다른 곳에서 배운 아이가 더 못한 것도 아니다. 영역별 분기별 평가를 통해 미흡한 점이 있으면 바로 수정한다. '애가 못해서' 라고 탓을 학생에게도 무조건 돌리지 않는다. 학부모는 내 아이가 못하는 것을 알아도 나아질 수 있을 거라는 기대 때문에 학원을 보낸다. 결과의 원인을 무조건 학원 탓으로 돌리는 학부형이 아니라면 학원에서 보완해 줄 수 있는 점을 어필해야 한다. 아파서 병원에 갔는데 의사가 적절한 처방은 내려 주지 않고, '환자분의 나쁜 습관 때문이에요.' 라고 한다면 기분이 어떻겠는가!

6. 장학제도

세 달에 한 번 출석, 과제, 태도, 시험 결과를 종합적으로 반영하여 소정의 장학금을 지급한다. 불필요한 운영비를 줄여서 받은 교육비의 5프로 정도는 학생들에게 작은 칭찬과 보상의 의미로 돌려주고자 노력한다. 의미 없이 그날의 기분에 따라 퍼주기식으로 선물을 주는 일은 없다. 과자 하나라도 주는 이유를 설명하고 준다. 장학제도는 내 의도대로 공부 욕심이 많은 학생들에겐 더 빨리 성장할 수 있는 기회를 주고 있고, 동기 부여가 약한 하위권 학생들에게는 자신감을 심어 주고 있다.

7. 우리들만의 문화

초등부가 많은 학원에서 꼭 챙기는 행사는 어린이날, 크리스마스, 할로윈 데이 등이다. 재학생 숫자가 초등부 중심에서 중고등부로 이동하면서 학교 시험일에 맞추어 하게 되었고 중1까지 시험이 없어진 지금은 분기마다 우리들만의 문화를 즐긴다. 그때 상황에 맞게 영어 포스터 그리기, 영어책 표지 만들기, 포트럭 파티, 골든벨 게임, 스펠링 비, 연극, 연설문 발표, Ted 따라하기를 한다. 영화보며 치킨, 떡볶이, 피자 먹는 것은 빠지면 섭섭한 20년 단골 문화이다.

11
—

코로나가 몰고 온 학원가 풍경

경제학 용어 중에 '밴드왜건 효과(Band wagon Effect, 편승효과)'가 있다. 내 뚜렷한 소신에 따라 상품을 구매하는 것이 아니라 대중적인 흐름에 맞춰 선택하는 현상을 말한다. 밴드 왜건(악대차 樂隊車)은 악단을 이끌며 요란한 연주로 사람의 관심을 끈다. 그것을 따라 가는 군중의 모습에서 이 용어가 유래되었다고 한다. 큰 흐름에 동참함으로써 얻을 수 있는 것은 심리적 안정감이다. 타인과의 관계에서 소외되지 않고 내 선택이 잘못 되지 않았다는 안도이다. 이 용어는 사교육현장에도 적용해 볼 수 있다.

내가 가입해 있는 학원인 온라인 커뮤니티는 당연히 코로나 글로 도배되어 있다. 휴원하는 곳과 안 하는 곳이 신경전을 벌이기도 한다. 누가 내 학원을 나만큼 잘 알아서 옳고 그름을 판단한다는 것일까. 저마다 자기만이 가지고 있는 '독특한 상황'이라는 것이 있다. 그 지역특색, 현재 상황, 학부모 성향이 다 다르다. 나는 하고 싶지 않은데 다른 학원은 하니까, 나는 했는데 다른 곳은 안 하니까는 안 된다. 우리 학원이고 우리 선생님이고 우리 학생들이다. 왜 남의 판단에 내 학원 운영을 결정하려 하는가. 결정도 원장 몫이고 책임도 원장 몫이다. 상황을 참고하는 것은 좋지만 주변에 휩쓸려 자기중심을 잃어서는 안 된다.

2020년도 봄, 맘 카페에 가장 많이 올라 온 질문은 '코로나, 학원 보내시나요?'이다. 내 아이 건강 문제인데 남이 보내면 보내고 아니면 안 보낼 것인가. 내 아이는 안 보내는데 다른 집 아이는 간다니 내 아이만 진도 못 나가고 뒤쳐질까 학원이 알아서 문 닫아 주기를 바라는 학부형의 이기심도 종종 목격했다. 학원 문 닫으라 마라 하지 말고 부모가 정할 일임에도 불구하고 이런 논쟁은 몇 달간 끊이지 않았다. 학원 휴원 문자 올 때까지 기다리며 왜 우리 학원은 문자가 안 오냐며 불만을 표출한다. '왜 내 아이의 건강문제를 학원 문자 한 통에 결정하는 걸까?' 집에 있으라고 해서 집에 있을 아이가 아니고 학원이 더 안전한 곳이라 생각하시는 부모도 있다. 맞벌이 가정이라 불안하지만 보내실 수밖에 없는 사정도 있다. 오히려 휴원을 하고 싶어도 이런 문제로 못 하는 학원도 많다.

"학원에 아이들 몇 명이나 나오나요?"

학부형 본인이 생각했던 것보다 등원 비율이 높으면 흔들린다. 내 아이 감염되는 것은 상상도 하기 싫은데 안 보내면 그 역시도 불안하다. 내 아이의 학원 등원 여부를 등원 비율로 결정하는 학부모가 많음에 놀랍다.

비대면·대면, 수업방식을 학생이 선택하다

"이번 주는 아파트에 확진자가 나와서 엄마가 온라인으로 하랬어요."
"선생님, 오늘 우리 아이가 컨디션이 안 좋아서 학원은 못 가고 온라인으로 참여할게요."
"시험기간이라 집중해서 문제 풀고 싶어요. 교실수업 할게요."
"집에서는 가족들이 봐서 싫어요. 학원 갈래요."

요즘 우리 학원의 모습이다. 초 : 중 : 고 비율 3 : 5 : 2인 영어학원이다. 5월 사회적 거리 두기 기간이 끝나고 본격적으로 비대면/대면 수업을 병행하고 있다. 한 달여 밖에 지나지 않았지만 학부모님과 학생은 교실/온라인 수업을 그때의 상황에 맞게 선택하여 참여하고 있다. 3, 4월에 온라인 수업을 했어도 이런 방식은 처음인데 학생들의 적응이 제법 빠르다. 원래 그렇게 수업했던 것처럼. 학교도 같은 방식이라서 더 그런 듯 하다. 뉴스를 보면 확진자 발생 여부에 따라 오늘은 교실 수업을 했지만 갑자기 내일부터 온라인 수업을 해야 하는 상황이 일어나고 있다. 같은 지역 같은 학년이면 시험기간이 같았는데 이제는 2주씩 차이가 난다. 학교 등원방식의 변화 때문이다. 학원에서는 한 달 하던 시험 대비를 두 달 내내 해야 할 상황이다.

온라인 · 오프라인 수업을 병행 해 본 중1~2학생들을 대상으로 주관식 설문 조사를 했다. 번호는 순위와는 관련이 없으며 3번은 당연히 100프로 공통된 답변이었다. 각 수업이 장단점이 있기 때문에 뚜렷하게 어느 한 쪽이 월등히 좋다는 답변은 없었다. 상황에 맞게 각각의 수업을 유연하게 활용하는 게 최선의 방법이다. 부모님들은 온라인으로 하면 왠지 손해라고 생각하시는 듯 했지만, 초기에 비해서 인식이 바뀌어 가고 갔다. 남학생 학부모님은 대면수업 선호도가 월등히 높았다. 여학생의 경우는 학생의 선택에 맡기시거나 시험이 없는 중1까지는 온라인 선호도가 소폭으로 높았다.

온라인 수업 장점
1. 학원 오가는 시간과 준비 시간을 절약할 수 있다.
2. 준비물, 숙제를 안 챙겨 가는 것으로 야단맞을 일이 없다.

3. 마스크 안 쓰고 물 편히 마실 수 있어서 좋다.

4. 간식 챙겨 먹을 시간이 있어서 좋다.

5. 지각할 염려가 없다.

6. 코로나 걱정 덜 해도 된다.

7. 다른 학생 신경 안 쓰고 내 공부에 집중할 수 있다.

온라인 수업 단점

1. 전화나 ZOOM 끊김 현상이 있을 때 답답하다.

2. 가족들이 있는 시간엔 집중이 안 된다.

3. 딴 짓 할 가능성이 크다.

오프라인 수업 장점

1. 시험대비 테스트를 집중해서 할 수 있어 좋다.

2. 선생님들, 친구들 얼굴 봐서 좋다.

오프라인 수업 단점

1. 친구들과의 모둠 활동이 줄어서 아쉽다.

2. 마스크 끼고 있어 귀가 아프다.

3. 물을 마음 편히 못 마신다.

PART
05

미래를 경영하다

어떤 직종이든지 경영자는
멀티 플레이어가 되어야 한다.
경영자의 역할 중 가장 즐겨하고 자신 있는 것은
콘텐츠 개발이다.

01

꿈을 꾸다

참 이상하다. 20대에는 왜 그리 조급했을까. 빨리빨리. 안 그래도 급한 성격인 나는 멈추는 것을 몰랐다. 일찍 성공하고 싶었다. 자기 계발 서적을 탐독했다. 19세부터 열심히 일했고 중고이긴 하지만 중형차도 20대 초반에 구입했다. 차를 산 것은 새벽까지 일해야 하는데 택시비가 더 들기 때문이라는 단순한 이유였다. 시험 기간에는 과외 학생 집에서 새벽 2시, 4시 상관하지 않고 공부시켰다. 그래서 차가 필요했다.

조급함이 사라진 건 30대에 접어들면서였다. 강사, 건물주, 학부모, 학생, 주변 경쟁학원, 프랜차이즈 회사로 번갈아 가며 사건사고를 겪으며 깨달았다. 20대 초반에는 내가 꿈꾸는 대로 내 미래가 펼쳐질 거라 믿었다. 의지만 강하다면 극복 못 할 일이 뭐가 있으랴 자신만만했다. 학원 운영 1년 차, 5년 차, 10년 차 시간이 흐를수록 내

뜻대로 안 되는 것이 많음을 몸으로 겪어내며 겸손해졌다. 조급함이 조금씩 사라졌다. 기다림의 미학을 터득하게 되었다.

지금 40대의 나는 오히려 여유만만하다. 평생 먹고살 만큼 든든한 여유자금을 숨겨 놓고 있지도 않다. 그런데 마음이 불안하지 않다. 내가 겪어온 시간들이 결코 헛되지 않으리라는 믿음 때문이다. 학생이 다니는 체육(태권도, 유도, 복싱) 학원의 원장님이 80대시라는 얘기를 들었다. 주로 카운터에 계시지만 짬짬이 학생들 지도도 하시고 대련도 해 주신다고 한다. 뵌 적도 없는 그분이 내 롤 모델이 되었다. 한평생 운동이 좋아 80대의 연세에도 수강생들과 함께 일상을 꾸려 가는 모습이 근사하지 않은가. 나는 60대까지 학원을 하려 했는데 20년을 더 보태게 되었다.

가장 아끼는 소품이 하나 있다. 7년 전 크리스마스에 홍대 거리를 거닐다 골동품을 파는 지하 빈티지 숍을 가게 되었다. 연세 지긋하신 할머니 선생님이 초등학교 저학년 학생들에게 ABC를 인자한 모습으로 가르치고 계신 작은 탁상용 석고상이었다. 낡고 먼지가 쌓여 있었으며 귀퉁이 여기저기는 이가 나간 흔적이 역력해서 아무도 사가지 않을 것 같은 모습이었는데, 이상하게도 내 눈을 잡아챘다. 새 제품이었다면 그래도 10만 원은 족히 나갔을 텐데 사장님은 크리스마스라며 선심 쓰시듯 1만 원에 건네주셨다. 그때 그렇게 헐값에 샀던 석고상이, 지금은 내가 가장 아끼는 물건이 되었다. 때때로 학원 운영이 힘에 부칠 때마다 내 미래의 모습일 그 석고상을 보며 미소 짓는다.

모두가 행복한 영어 공동체

초등학교까지 부모님의 기부활동을 보고 자랐다. 후원해야 할 곳에 나를 데리고 다니셨다. 어르신들과 나보다 더 어린 아이들에게 쌀, 라면, 생필품을 직접 나눠 드리곤 했다. 어릴 때, 부모님께 배운 '나눔' 은 학생들의 장학금으로 이어지고 있다. 20년 가까이 적게는 1만원부터 많게는 10만원까지 학생들의 강점을 찾아 지급하고 있다. 장학금을 주면서 이야기한다. 나중에 성인이 되면 나눌 줄 아는 사람이 되어야 한다고.

사회에 선한 영향력을 끼치고 싶다. 내가 좋아하는 것을 공동체 사회로 확장시켜 함께 나누고 싶다. 좋은 일은 여럿이 힘을 합칠 때 더 큰 위력을 발휘하지 않는가.

프랜차이즈를 선호하지 않았던 내가 진지하게 생각하게 된 동기가 이것이다. 빵집, 커피숍, 옷가게도 브랜드숍 보다는 개인이 운영하는 곳을 찾았다. 프랜차이즈의 틀에 박힌 듯 똑같은 상품들이 개성과 창작을 좋아하는 내게는 매력적이지 않았다.

그런데 '표준화'의 장점에 눈을 뜨기 시작했다. 그 준비를 위해 대학원에 진학하여 영어 콘텐츠 개발학을 공부했다. 여러 개의 학원을 운영하려면 무엇보다 중요한 것이 동일한 시스템의 구축이다. 열정이 식었다고 느낄 때면, 8년 전 대학원 입학 당시 잠도 못 자고 모든 것을 쏟아부어 작성했던 학업계획서를 읽어 본다. 거기에 내 꿈을 알알이 적어 놓았다. 열정이 식어가고 꿈을 잃어 갈 때 꺼낸다. 졸업 후 5년이 지나면 프랜차이즈 회사를 설립할 것이라 적었다. 졸업 후 5년, 2020년 올해이다. 예상치 못했던 코로나 사태로 시기를 늦추게 되었지만 더 튼튼히 정비할 수 있는 기회로 삼을 것이다.

고학력 여성을 위한 1인 경영 학원

내가 사는 집 근처에 1년 6개월 동안 10평 전후의 개인 카페가 다섯 군데가 생겼다. 모두 도보 5분 거리 미만의 가까운 곳이다. 사장님들의 연령대는 다양하다. 요즘은 50~60대의 남자 사장님 홀로 커피 내리는 곳도 드물지 않게 보는데 나는 그 모습이 참으로 보기 좋다. 20대 파트 타이머들이 주로 근무하는 대로변의 대형 프랜차이즈 커피숍보다 이런 곳이 정감이 간다.

학원 규모도 카페처럼 양극화되고 있다. 30-40평대의 중간 규모의 학원은 성장이 둔화되고 1인 학원, 또는 직원 한 명과 함께 경영하는 곳이 점점 늘어나고 있다. 학원 경영자들이 건물주와 강사와의 트러블로 교습소, 공부방 등의 형태로 전환하고 있다. 코로나 사태와 같은 위기 상황을 겪고 난 후 규모를 축소하는 학원이 많을 것이고 퇴직 권고를 받은 강사들은 공부방 형태의 소규모 창업을 고려할 것이다. 학원은 육아로 인해 경력단절을 선택할 수밖에 없었던 분, 배움을 즐기는 분, 강사에서 자신의 사업을 꿈꾸는 분에게도 자기만의 교육철학을 실현시킬 수 있는 직업이다. 20년 동안 현장에서 습득한 노하우, 구축한 자료와 커리큘럼을 무기로 이런 분들을 도와드리고 싶다. 시작하고 싶으나 망설이시는 분들에게 비전을 제시해주고 어려움을 겪을 때 함께 해결책을 마련하며 동반 성장해 나가려한다.

02

초심도 경영이 필요해

초심, 열심, 뒷심.

성과를 이뤄 낸 사람들이 공통적으로 가지고 있던 세
가지 마음이 바로 이것이라 한다. 초심, 열심, 뒷심. 이 중에서 제일
중요한 마음은 초심이다. 초심 없이는 열심, 뒷심이 있을 수 없다.
흔히들 말한다. 우리 인생의 위기는 초심을 상실할 때 찾아온다고.
인기 프로그램인 '백종원의 골목식당'에서 백종원 씨가 식당 사장
에게 충고한 말이 있다.

"장사 안 되는 원인을 왜 다른 곳에서 찾으시나요. 다시 초심으로 돌아
가세요."

"욕심을 걷어내야만 멀리 볼 수 있습니다."

전자는 기울어 가는 가게 사장님께, 후자는 장사가 잘 된다고 손님을 위한 운영정책보다는 가게 욕심을 채우려는 사장에게 한 말이다. 사업의 달인 백종원 씨가 장사가 잘 될 때나 안 될 때나 공통적으로 하는 충고 속에는 '초심'이라는 단어가 있었다.

어떤 업종이던 잘 나가던 사업체가 침체기와 하락기를 겪게 되는 데는 이유가 있다. 학원의 경우, 원장의 매너리즘이 가장 큰 원인이다. 창업 후 2년 전후로 안정기에 접어들기 시작하고 5년 차 까지는 초심과 열심에 힘입어 성장세를 유지한다. 예전 노력의 절반 즈음만 들였는데도 신입생은 증가하고 재원생의 숫자도 큰 폭으로 줄어들지 않는다.

이 시기에 다른 사업에 관심을 가지게 된다. 학원 업무는 선생님과 관리자에게 맡기고 원장은 발을 빼기 시작한다. 식당이나 카페를 가면 주인 없는 곳은 분위기에서부터 차이가 난다. 일회성 방문이 아닌 지속적인 교육이 이루어지는 학원은 원장의 부재에 상당히 민감하다. 나는 다른 사업에 관심을 갖지는 않았다. 원장의 마음이 학원을 떠나는 순간, 끝이 어떻게 된다는 것을 직접 보았기에 이것만은 철저히 지켰다. 20년간 내게는 오로지 학원뿐이었다.

하지만 이를 제외하고는 비슷한 전철을 밟았다. 원하는 바는 아니었지만 체력이 약해지면서 학원에 몰두하지 못했고 콘텐츠 개발을 게을리하면서 오랜 정체기를 겪었다.

내가 초심을 지키는 방법

초심을 잃지 않기 위해 내가 하는 일이 세 가지 있다. 옛 제자들 떠올리기, 과거의 기록물 훑어보기 그리고 책 읽기이다. 이 중에 단연 으뜸은 나의 오랜 학생들과 그 어머님들이시다. 20대 때는 100명이 넘는 학생들 성적표를 A4 용지 한두 장 그득하게 매달 썼다. 밤을 새워서라도 정성껏 썼으며 어떤 문장도 복사해서 붙여 넣기 하지 않았다. 쓰는 순간에는 오로지 그 학생만 생각하며 썼다. 크리스마스 카드도 물론이다. 99퍼센트의 어머님들께서는 감동하셨지만 1프로의 어머님들께서는 상심하셔서 그만두셨다. 아이의 단점에 대해 솔직히 써서이다.

"나도 내가 뚱뚱한 걸 아는데 그걸 남한테 지적당하면 기분 어떠시겠어요?"

성적표 읽으신 후, 다음날 그만두시면서 하신 말씀이시다. 그 후로는 성적표를 쓸 때마다 여러 번 고쳐 쓰고 직접적인 표현을 순화시키는 연습을 많이 했다. 학생이 그만둘 것이 걱정되어서가 아니라 의도치 않게 누군가에게는 상처가 될 수 있어서이다. 컴퓨터 고장으로 옛 자료들이 대부분 사라지고 10년 전부터의 것은 대체로 보관을 잘하고 있다. 의욕이 사라질 때 몇 장 남지 않은 15년 전, 20년 전 성적표를 읽어 보면 눈시울이 뜨거워진다. '나... 같은 사람 맞는 거지?'

2년 전 어느 날, 학원 안을 살포시 들여다보는 분이 있었다. 너무나 반가워서 내 눈을 믿을 수 없었다. 우리 학원 3호 등록 학생 어머님이셨다. 초2부터 중3까지 8년을 다녔는데 이사로 그만두게 되었다. 12년 만에 뵙는 것이라 꿈인지 생시인지 모를 정도로 반가웠다. 어머님은 내 20대의 파릇파릇하고 순수하고 불같은 열정을 기억하시고 칭찬을 듬뿍하셨다. 꺼져 가는 초심에 불을 활활 지펴 주셨다. 창피했다. 옛 학생들과 어머님들이 기억과는 다른 지금의 내 모습이. '쉽지 않았던 시간들을 마주하며 저도 많이 변했습니다.' 라고 변명하고 싶었다. 하지만 그게 전부는 아니란 걸 안다. 남은 속여도 나는 못 속이니까. 초심을 잃어버릴만하면 다시 찾아 주는 오랜 인연에 항상 감사하다.

초심도 경영이 필요해

초심을 잃지 않기 위해 정기적으로 멈춰서 마음을 관찰해야 한다.

화분에 물을 주고 새싹이 나는지 잎이 시들지는 않았는지 관찰을 하듯 해야 한다. 흘러가는 시간 속에 방치하면 안 된다.

책 읽기와 강연 참석은 초심 찾기에 도움이 된다. 강연자가 마무리에 항상 하는 공통된 말이 있다. '책 읽으세요. 읽을 시간 없다고 하지 마시고 책 읽는 시간부터 만들고 다른 걸 하세요.' 나도 각종 아이디어와 경영 노하우 그리고 공감과 위로를 책을 통해 얻는다. 책과 대화를 한다. '나라면 이렇게 했을 거야. 이건 내 생각과 달라. 저건 적용해 볼만 하겠다.' 짧지 않은 시간 콘텐츠 개발을 할 수 있었던 것도 이러한 노력 덕분이다.

강연을 듣고 책을 읽는 것으로 끝내지 않고 내 것으로 바로 적용했다. 슬럼프가 올 때는 내가 학원을 시작한 동기를 되새겨 보았다. 가장 간단하고 매일 실천할 수 있는 초심 경영은 뭘까. 학원 청소이다. 청소가 깨끗이 되어 있다는 것은 적어도 원장의 마음이 학원에 머물러 있다는 증거이다.

"먼지가 뭉쳐서 굴러 다녀요."

한 학생이 복도 바닥을 보면서 한 말이었다. 이 말을 해 주기 전까지 그걸 몰랐다. 정말 아래를 내려 다 보니 먼지가 여기저기 구석에 웅크리고 있었다. 얼굴이 화끈거렸다. '아! 어쩐다. 집에 가서 엄마한테도 분명 말했겠네! 어머니는 거실에 앉아 내 해이해진 마음과 학원 상태를 다 파악하셨겠다!' 생각해 보니 족히 2주는 청소를 안 했다. 내가 안 하니 선생님들도 본인들 교실만 하는 둥 마는 둥 간단히 정리 정돈했을 터였다.

"학원은 원래 하루만 청소 안 해도 이렇게 되거든?"

말하고 나니 내 마음의 얼굴은 난로에 바짝 대고 있었던 것처럼 벌겋게 달아올랐다. 초심 경영의 실천목록 제1 순위는 단연코 청소력이다.

03

무엇보다 건강

2010년과 2020년의 일상

잃어보기 전에는 그 소중함을 모르는 것이 많다. 코로나 사태가 지속되는 지금 가장 많이 오가는 말은 '평범했던 일상이 그립다.' 이다. 좋아하는 커피숍에서 향기로운 커피와 함께 노트북을 펴고 업무를 보거나 독서 모임 참석, 서점 가기, 맛난 음식을 먹으며 담소를 나누는 것, 출근도장 찍던 운동센터, 내 일터에서 선생님, 학생들과 전쟁을 치르듯 보냈던 일상들이 모두 그립고 소중했음을 느낀다.

정부의 학원 휴원 권고와 학부모들의 휴원 기대심리로 전국 학원장들은 뜬 눈으로 지새우는 날이 많다. 더 위험한 사업장에 대해선 영업 자제 권고가 늦게 내려진 반면 학원은 코로나 초기부터 규제가 잇따랐다. 내 학생들, 선생님들 그리고 내 건강을 위해 외출을 극도로 자제했다. 바로 한 달 전까지 누렸던 별것 아닌 그것들이 더욱 그립다. 꿈속에 있는 것 같다. 마치 소설이나 영화 속 이야기가 아닐까 착각이 든다.

10년 전에도 이런 일상을 경험했고 이런 기분이 들었다. 아니다. 지금과는 비교되지 않을 정도로 마음 저 밑바닥부터 밀려오는 슬픔이 있었다. 길 가다가도 눈물이 뚝뚝 떨어졌다. 학원에선 태연한 척하려 이를 꽉 물어 안간힘을 썼다. 도저히 참을 수 없을 때는 빈 교실에 들어가 엎드려서 고장 난 수도꼭지처럼 멈출 줄 모르는 눈물을 소매 자락에 훔치고 또 훔쳤다. 그러고는 눈이랑 코가 빨개지지는 않았을까... 운 게 표시는 나지 않을까... 거울을 보며 애써 표정을 가다듬고 흥건히 젖은 소매 자락을 들킬까 접어 올렸다. 아무렇지 않은 듯 교실을 나왔다. 상담받으러 들어오시는 어머님을 보고 환한 미소를 지었다. 맞장구치며 한 시간을 이야기를 나누었다. 복도에서 학생들을 만나면 방긋 웃으며 학교에서 있었던 일을 물어보고 맞장구쳐 주었다.

암이라는 사실을 알게 된 순간부터 입원하기 전까지 이렇게 이중 생활을 했다.

내가 나를 가장 아껴줬던 시간

초등학교 때까지 전교에서 제일 잘 사는 집 딸로 통했다. 부모님이 학교에 가면 교장선생님까지 나와 인사를 하셨다. 나중에 알았다. 육성회장, 체육진흥 회장 등등 온갖 감투를 쓰고 계셨던 부모님이 학교에 기부를 많이 해서 그렇다는 것을.

6학년 가을 무렵 집이 부도가 나면서 한창 잘 먹어야 할 나이에 제대로 먹질 못 했다. 고등학교 졸업부터 내 인생 내가 개척해 왔지만, 내가 불쌍하다는 생각을 해 본 적이 없었다. 부모형제 도움받지 못해도 꿋꿋이 살아왔던 시간들이 자랑스러웠을 뿐.

그런데 그 대가가 젊디젊은 나이에 암이라니. 내가 불쌍해서 돈을 펑펑 썼다. 2000년대는 학령인구가 많았고 영어 붐도 지속되어서 학원 호황기였다. 한 달에 일천 만원에 육박하는 수입이 몇 년 이어졌다. 흙수저 20대가 대출을 받지 않고 혼자 힘으로 서울 20평대 아파트 한 채를 마련하려 했는데 인생은 마음먹은 대로 흘러가는 건 아니더라.

서울 아파트 한 채 대신 내 건강을 위해 썼다. 5년여의 시간 동안 좋다는 약을 다 먹고 값비싼 민간치료를 받았다. 매달 약값, 치료비, 재활운동비가 이백만 원이 들었지만 수년간 아낌없이 썼다. 병원에서도 1인실이나 2인실만 이용했다. 아픈 순간만큼은 편히 있고 싶었다. 병실이 없어 다인실을 한 번 경험한 나는 적응하기가 힘들었다. 수시로 들락거리는 보호자들, 수다스러운 분들, 남의 일에 이것저것 궁금한 게 많으신 분들, 오고 가는 무서운 이야기들... 다 피하고 싶었다. 나만 생각하고 내게 주어진 모든 시간을 방해받고 싶지 않았다. 비록 크나큰 대가를 지불했지만 아낌없이 나를 위해 주었던 시간이 있었기에 더 멀리 나아갈 수 있으리라 믿는다.

잉크 사장님의 교훈

13년째 우리 학원의 프린터 세 대를 책임져 주시는 잉크 사장님이 계시다. 60대 중반이셨던 사장님은 70대 후반이 되셨다. 많은 대화는 나누지 못했지만 긴 세월을 보아 온 분이라 가족처럼 여겨졌다. 한결같이 함박미소를 지으시며 들어오시는 모습에서 일에 대한 애정과 자부심을 듬뿍 느낄 수 있다. 어느 날 무한 잉크 리필로 들르셨는데 기계 점검도 해 주시겠다고 하셨다.

"사장님, 프린터기 고장 나지 않았어요. 멀쩡해요."
"원장님, 고장 나지 말라고 미리미리 점검하는 거예요. 겉은 멀쩡해 보여도 속은 고장 나기 일보 직전일 수도 있어요. 또 내가 언제까지 이렇게 해 드릴 수 있는 것도 아니니까 더 봐드리고 싶어요."

나는 멋쩍은 듯 미소를 짓고 있었지만 사장님 말씀을 듣자마자 머리를 한 대 맞은 것 같았다. 하물며 기계도 이렇게 관리를 받는데...
'왜 그땐 그렇게 몰랐어. 왜 그렇게 브레이크 없는 자가용처럼 앞만 보고 달렸니. 앞이 아니라 잠깐이라도 멈추어 너를 좀 들여다 봐 주지 그랬어.' 심장이 터지도록 수없이 외쳤다. 쉬는 것은 뒤처지는 것이라 여겼다. 지금은 멈출 줄 아는 용기와 지혜가 생겼다. 상처가 곪을 때까지 그대로 방치해 두지도 않는다.

10년 전의 나에게 해 주고 싶은 말이 있다. 머리 감다 기절을 하고 현기증이 나서 일어서질 못해도 별일 아닐 거라고 그냥 무시했다. '아프고 나서야 돌봐 줘서 미안해.'

아픔이 가져다준 가장 큰 선물 : 기다림의 미학

인생은 기다림의 연속이라고 한다. 나는 이 말이 싫었다. 떠올리기만 해도 지루하기 짝이 없었다. 내 장점이자 단점은 빠른 결단력이다. '성격이 급하다.'는 말을 어릴 때부터 들었고 무엇이든 빨리빨리 명확히 일처리를 해야 직성이 풀렸다.

이런 성향이 병원 생활과 치료과정에서 누그러졌다. 예약하고, 검사하고, 결과 기다리고, 진료받고, 다시 예약하고, 검사받고... 매 과정이 기다림의 무한반복이었다. 검사를 하면 보통 일주일 정도를 기다려 결과를 알 수 있는데 그 순간을 견뎌내는 게 쉽지 않았다. 결과 보는 당일 진료실 앞, 내 이름이 호명될 때까지 기다리는 동안 안절부절못하고 정신이 아찔해지곤 했다. 이런 시간을 11년째 보내고 있다. 그 세월은 나를 멀리 보고, 지금 지루한 순간을 인내하게 만들었다. 어떻게 해서든지 당장 해내고야 말겠어... 이런 마인드의 소유자였는데 '천천히 가는 게 오히려 빨리 가는 거야.' 라고 바뀌었다. 나랑 전혀 어울리지 않는 단어 '느긋해 보여.' 라는 말까지 들었다.

크고 작은 고비는 늘 있었고 가슴 철렁한 순간도 때때로 찾아왔지만 내가 좋아하는 일을 하면서 잘 살아가고 있음에 항상 감사한다. 모든 순간이 그렇다. 두 발로 길거리를 걷는 것, 음악을 들으며 버스 창 밖의 풍경을 보는 것 그리고 글을 쓰는 것도.

제일 좋아하는 음식이 떡볶이이다. 손가락 두세 마디 정도의 길이에 뚱뚱하고 살짝 비스듬하게 생긴 모양은 그리 즐겨하지 않는다. 기다란 손가락처럼 날씬하고 양끝이 반듯하게 똑 떨어진 생김새를 좋아한다. 뭉뚝한 떡볶이는 자주 보이는데 내가 좋아하는 스타일은 좀처럼 눈에 띄지 않는다. 그러다 옆 동네 시장 안의 개인 분식점에서 발견했다. 어느 날 너무 먹고 싶어서 갔는데 조리 중이셨다. 넣은 지 얼마 안 되었다며 자그마치 30분이나 기다려야 한다고 하셨다.

내가 보기엔 살짝 간이 덜 배어 보이긴 했어도 먹는데 전혀 지장이 없어 보였다. 그 자체로도 충분히 맛나 보였다. '그냥 주셔도 괜찮아요.' '어이구 안 돼요. 속까지 충분히 간이 배어야 팔 수 있어요.'

사장님은 최상의 맛을 내는 떡볶이를 손님에게 제공하고 싶으셨던 거다. 사장님의 단호한 거절 속에서 장인 정신이 깃든 자부심과 자존심을 느낄 수 있었다. 당장 돈을 벌지 않더라도 제대로 갖추어지기 전에는 내놓지 않겠다는 고집 말이다. 이제는 이해한다. 인내하며 기다릴 줄 아는 사람이 맛있는 떡볶이를 맛볼 수 있다는 것을.

04
—

공부는 최고의 재테크

20대 중반부터 부동산 및 재테크 책을 매일 퇴근하고 새벽까지 읽었다. 이 세상에 나를 지켜줄 수 있는 건 나뿐이었다. 돈에 집착하지도 돈을 좇아 학원을 운영하지도 않았지만 사업이라는 불안정한 직업을 가지고 있는 이상, 6개월 이상의 운영 자금은 비상금으로 가지고 있어야 한다 생각했기에 재테크에 관심을 가졌다.

서울에 아파트 한 채 사놓는 게 최고의 재테크라고 여겼던 나는 아파트를 포기하고 나에게 재테크하기로 했다. 병원 생활을 할 때 주로 1인실이나 2인실에 있었다. '내가 지금 이 순간 가장 하고 싶은 게 뭘까?' 억지로 생각해 낸 건 아니지만 마음속 깊은 곳에서 '공부'라고 답해 주었다. 절실하게 공부가 하고 싶었다. 그때 계획을 세웠다. 퇴원하고 급한 치료가 마무리되어 안정적이게 되면 대학원에 진학하리라고. 2년 후가 지나서 입학 준비를 시작했다. 영어학원을 운영하면서 영어 실력이 출중하지 못했던 나는 개인과외를 받았다.

학생들에게 종종 하는 말이 있다.
"집은 화재로 없어 질 수 있고 돈은 사기를 당하거나 분실할 수 있지만 너희들 머릿 속의 지식은 없어지지 않아. 치매에만 안 걸리면!"

보험금으로 대학원 공부를 시작하다

갑자기 생긴 수 천만 원의 돈이 반갑지 않았다. 보기 싫었다. 통장에 가만히 있는 그 돈이 신경을 거슬리게 했다. 내 건강과 맞바꾼 그 까짓 돈, 다 무슨 소용이람. 비교적 높은 수익을 올리고 있으니 그리 생각했을 것이다. 어떻게 쓸까 하다 대학원 학비를 하기로 했다. 그래도 남는 돈은 영어와 운동 개인 지도받는데 지출했다. 5년 간 돈 걱정 않고 마음껏 내 머리를 채우고 내 몸을 위해 투자했다. 배우고 싶었을 때 원 없이 배울 수 있었던 경험이 앞으로 20년을 이끌고 갈 원동력이 아닐까.

하루가 다르게 성장해 가는 학생들을 보며, 나도 성장하고 싶다는 바람이 커져 갔다. 학원 운영하며 필요한 만큼만, 적당한 깊이로 영어를 대했다면, 인생에 있어 한 시기는 깊고 독하게 공부하고 싶었다. 영어를 더 가치 있게 활용하는 방법을 배우고, 배운 후에 나눠 주는 방법도 알고 싶었다. 좌충우돌 개척하며 얻은 얕은 지식만으로는 채워지지 않는 벽이 많았다. 배운 만큼만 성장할 수 있었다. 평생을 가르치는 일을 하며 살고 싶다는 꿈과, 한 번 시작한 것은 성공할 때까지 해 보겠다는 자존심과 고집으로 버텼다. 하지만 교육에 대한 해박한 지식의 부재가 나와 학생들의 성장에도, 내 꿈을 이루는 데도 걸림돌이 되었다.

대학원에서 영어 콘텐츠 개발을 전공했다. 사람 관계의 불안정함을 시스템으로 안정화시키고 싶었다. 어떤 교육이든 가장 중요한 것은 선생님과 학생과의 관계이다. 선생님 의존도가 지나치다 싶을 만큼 높다. 선생님의 성향, 자질, 실력과 기타 개인 사정에 따라 학생들의 목표와 실력이 좌지우지되는 것은 바람직하지 않다. 학원에서 인력은 핵심자원인 만큼 그 부재 시 피해는 학생에게도 돌아간다. 이를 방지해 줄 수 있는 것이 개인별 맞춤 교재와 온라인 프로그램 등의 콘텐츠이다. 의사가 아무리 수술을 잘한다 해도 마취약, 수술 장비가 없다면 무슨 수로 수술할 것인가.

창업부터 지금까지 매주 2회 영어전문 서점과 대형 서점에서 교재 연구를 해 오고 있다. 아무리 해도 도무지 지겹지 않은 활동이다. 매일 쏟아져 나오는 교재들 속에서 우리 학생들에게 딱 안성맞춤인 교재를 골라내는 일은 즐겁다. 한 학생의 교재를 찾느라 다섯 시간씩 조사할 때가 빈번했다. 더 나아가 '나도 출판해야지.' 하는 동기부여를 계속 받을 수 있었다.

콘텐츠 개발자에게 필요한 건 학습도구

어떤 직종이든지 경영자는 멀티 플레이어가 되어야 한다. 학원장의 역할 중 가장 즐겨하고 자신 있는 것은 콘텐츠 개발이다. 나는 경험주의자라서 내가 겪어 보면서 배우는 걸 좋아한다. 배워서 도움이 되었던 것은 당연히 학생들에게도 알려 주고 싶어진다. 지인들에게 가장 많이 듣는 말 중에 하나가 '원장님은 항상 뵐 때마다 뭘 배우고 계세요.' 어머님들도 '끊임없이 자기 계발하시는 모습에 믿음이 갑니다.' 라고 종종 말씀하신다.

자기 계발과 콘텐츠 개발의 목적으로 내가 배우거나 참여한 것들은 다음과 같다. 심리상담사 1급 자격증, 영어독서지도사 자격증, 영자신문 스터디, 3P 바인더, 마인드맵·싱크와이즈, 감사일기, 영어교육학 스터디 오프라인과 온라인, MBTI(Myers-Briggs Type Indicator: 성격유형검사), 블로그를 배웠고 유튜브, 팟빵도 내 마음속 배움 장바구니에 담겨 있다. 코로나 이후 학원 경영에 대한 인싸이트를 얻으려고 비즈니스 매거진 읽기 온라인 스터디도 참석하고 있다.

심리상담사: 언어와 심리는 항상 내 호기심의 대상이었다. 대학원에서 언어 심리학을 알게 되면서 더욱 깊이 빠졌다. 학부모님 상담시 한층 자신감이 생겼다. 학생들의 학습고민, 진로, 친구 문제를 들어 주고 조언해 줄 수 있어서 보람이 있다.

영어독서 지도사: '읽기'가 만능은 아니지만, 한국과 같은 EFL(English as a Foreign Language) 환경에서는 가장 중요한 영역이라 생각한다. 내 석사 졸업논문도 '영자신문읽기의 효과성'에 관한 것인 만큼 이 분야에 관심이 많았다.

MBTI: 학습자와 학부모님의 성향과 심리 연구에 관심이 많은 내게 MBTI 역시 흥미로운 대상이었다. 하지만 언제나 그 주인공은 '나' 아닌 '너'였다. '남' 연구를 하며 그들을 제대로 알고 싶어 심리학 서적을 탐독하고 자격증을 땄다. 천방지축 자유로운 영혼이던 나는 점점 독재자로 빙의하며 살아갔다. 책 쓰기 목표를 구체화하며 깨달았다. 타인들의 이야기는 넘쳐 나면서 정작 가장 중요한 나, 나는 작은 점에 지나지 않았다. 정신이 번쩍 들었다. 내 천성을 객관적으로 알아 가는 '나공부'를 시작으로 타인과의 관계를 보다 다양한 관점에서 이해할 수 있게 되었다.

영어교육학 스터디: 영어학원을 오랜 기간 운영해 온 원동력은 영어교육에 대한 사랑이다. 학원 경영자로서 나는 욕심이 많다. 경영만 잘하는 것은 싫다. 학자, 콘텐츠 개발자, 영어 구사가 자유로운 영어인이 되고 싶다.

배움에 시간, 돈, 노력, 투자를 아끼지 않았다. 수년 간 개인과외를 받으며 중형차 한 대 값을 쓴 적도 있다. 나 못지않게 영어교육을 사랑하는 사람들과 영어교육학 필독서 PLLT(Principles of Language Learning And Teaching)로 두 차례 스터디를 했다. 2013년 대학원 시절 영어교육 대학원 준비 중인 지인 동생과 1년간 함께 했다. 매주 한 번도 빠지지 않고 만나 PLLT 단어장 세 권을 만들면서 학구열을 불태웠다.

나태해질 때마다 그 열심 공부의 흔적들을 꺼내본다. 그때 그 시절 '내가 시간을 헛되게 보내지는 않았구나!'라는 생각에 다시금 마음을 다잡게 된다. 2020년 3월에는 카카오 톡을 활용하여 '30일에 PLLT 완독'을 목표로 한 온라인 스터디도 기획했다. 대전 중학교에 재직 중이신 영어 선생님과 30일간 매일 온라인으로 교류하며 동기부여의 시간을 가졌다. 학생들에게 영어다운 영어를 심어 주시기 위해 애쓰시는 모습에 나도 동화되었다. 학교 개학 연기와 학원 휴원으로 혼란스러운 시기였는데 스터디를 통해 마음을 다잡고 학생들과 교수방법에 대해 차분히 생각해 볼 수 있었다. 공, 사교육 당사자가 만난 짧은 그 '30일'이 내게는 큰 의미로 남는다.

3P 바인더: 같은 시간이라도 어떻게 쓰느냐에 따라 쓸모없이 흘러가기도 하며 그 가치가 치솟기도 한다. 한때 '워라밸'이라는 신조어가 유행했다. 워커홀릭인 나는 일과 삶의 균형을 찾고 싶었고 이걸 도와줄 도구로 3P 바인더를 알게 되었다. 객관적인 시간관리를 통해서 줄이거나 늘려야 할 계획을 한눈에 파악할 수 있게 되었다. 시간을 지배하는 시간 경영자가 된 기분은 짜릿하다.

마인드맵 · 싱크와이즈: 독서기록을 할 때 마인드맵 방식을 많이 쓴다. 우리 학원생들에게도 마인드맵 형식의 독서기록을 시킨다. 산만하게 거미줄처럼 얽히고설킨 내 머릿속을 잘 정비된 고속도로처럼 정리하고 싶고 경영자로서의 필수 업무인 기획과 실행력을 향상하고자 나도 제대로 배워 보고 싶었다. '손'은 밖에 나와 있는 '뇌'라는 말이 있다. 내가 손으로 하는 것은 수저를 들거나 컴퓨터 자판을 두드리는 정도로 단순했다. 마인드맵을 그리면서 생각을 확장하고 정리하는 과정을 거쳤는데 왜 손을 뇌에 비유했는지 알 수 있었던 시간이었다. 씽크와이즈(ThinkWise)는 디지털 마인드맵이다. 수강 후 학원의 모든 문서를 씽크와이즈로 탈바꿈시키고 있는데 학부모님들은 물론 학생들조차도 좋은 반응을 보였다.

배움은 또 다른 배움을 낳는다. 나는 온라인(카카오톡, ZOOM)플랫폼으로 수업받는 것이 익숙하다. 코로나로 우리 학원 수업을 온라인으로 전환하면서 이 덕을 톡톡히 보았다. 허둥댈 이유가 없었다. 내가 일상에서 하던 방식이었으니까. 위기 상황에서 내가 배운 걸 다시 내 학생들에게 전해 줄 수 있어서 행복하다.

나, 너, 우리가 함께 성장하는 학원을 운영하는 한 나는 배움을 멈추지 않을 것이다.

예측할 수 없는 시대의 학원 경영

'언택트(Untact)' 문화의 확산과 수업의 변화

배움을 즐기는 내가 가장 최근에 시작한 자기 계발 프로그램은 《동아 비즈니스 리뷰》 읽기 온라인 스터디이다. 5월호 기사 '비상 경영 땐 비즈니스 연속성이 생명, 지능형 자동화 로봇과의 협업 폭 넓혀야' 내용 중에 국내 대기업의 업무 방식이 소개되었다. 코로나 시기의 학원 경영에도 접목시킬 필요가 있어 흥미롭게 읽었다.

'국내에서는 2018년 7월에 처음 주 52시간 근무제가 도입되고 대기업을 중심으로 시차출퇴근제, 선택적 근로시간제 등 근무시간관리에 직원 자율권을 부여하는 재량 근로제가 시행되기 시작했다. 일부 기업이 신속하게 시차출퇴근제, 재택근무 등을 결정할 수 있었던 것은 유연한 HR 체계와 재택근무가 가능한 IT 인프라가 이미 갖춰져 있었기 때문이다. 특히 화상회의 솔루션인 줌(Zoom), 구글 행아웃 미팅(Hangout Meet), 시스코 웹엑스(Webex) 등이 상용화되면서 매일 업무 회의를 진행하고 서로 업무 진행 상황을 확인하는 풍경도 더는 낯설지 않게 됐다.'

우리 학원의 경우, 2월 말부터 4월까지는 휴원과 온라인 수업 위주로 운영했다. 5월 들어 고등학교 개학이 확정되면서 오프라인과 온라인 수업을 병행하고 있다. 대면 · 비대면 수업을 선택할 수 있도록 했는데 초등부부터 중1까지는 온라인 수업 선호도가 높고 내신시험을 준비해야 하는 중2부터는 대면수업참여율이 훨씬 높았다. 시험 여부가 대면 수업을 선호하는 결정적 이유라서 씁쓸하다. 대기업의 업무 방식 중에서 시차출퇴근제, 재택근무, Zoom 사용은 현재 우리 학원에서 진행중이다. 앞 반, 뒷 반 학생들이 서로 마주치지 않게 시간표를 조절하면서 선생님들도 자연스럽게 시차출퇴근을 하시게 되었다. 온라인 수업을 신청한 학생들만 담당하는 선생님은 재택근무하시도록 했다. Zoom, 카카오톡, 전화로 실시간 수업과 과제 관리를 하고 있다. 대면 수업의 장점이 대폭 사라졌다. 영어는 오감을 통해 익히는 과목인데 말하기, 발음교정, 원서토론 등 상호의사소통의 시간이 줄어 든 것이 가장 크다. 온라인 수업의 한계를 걱정

할 때가 아니라 대면 수업의 단점을 극복할 방안을 연구할 때이다. 온라인 학습은 발전 가능성이 무궁무진하지만 코로나 시대에서 대면 수업의 발전 가능성은 한계가 있다.

대면·비대면 병행 수업은 어디에서든 더 이상 낯선 풍경이 아니다. 비록 한 두 달 밖에 지나지 않았지만 어느새 자연스럽게 받아들이고 있다. 각 학교의 재량에 따라 급식 형태와 등교 횟수를 정하고 있다. 학부형들의 설문 조사를 통해, 주1회, 격일 또는 격주수업을 선택하고 있다. 온라인 수업에 대해 갸우뚱하던 시선도 그 필요성과 효과성을 인정하는 분위기로 바뀌었다. 그럼에도 교수와 학습은 그래도 대면수업을 해야지...라고 고집하는 분들이 아직 많이 계시다. 그 고집 이면에는 비대면 수업을 이끌어 갈 준비가 아직 갖춰지지 않아서는 아닐까? 새로운 변화에 맞추어 바꾸어 나가는 것이 두려워서는 아닐까? 자문해 볼 필요가 있다. 교육을 주는 사람도, 받는 사람도 고정관념을 내려 놓고 유연한 사고를 갖추어야 할 때이다.

회복 탄력성과 콘텐츠 개발 역량이 답이다

유대인 엄마는 아이가 태어나면 회복 탄력성부터 길러 준다고 한다. 나는 이런 자녀 교육을 절대적으로 지지한다. 한글도 떼기 전에 영어를 시킬 것이 아니라 아이가 어려움에 직면했을 때 잘 극복할 수 있는 마음의 근육을 유아기부터 길러 줘야 한다. 어려움이 있을 때마다 언제까지 부모가 해결해 줄 수는 없지 않은가. 20년간 내 사업 경험에 비추어..과거, 현재, 미래에도 필요한 경영자의 핵심 자질은 콘텐츠개발역량과 회복탄력성 이 두 가지이다.

리질리언스(Resilience: 회복 탄력성)는 개인이 역경, 트라우마, 위협 등의 스트레스원을 만나게 되었을 때 적극적인 행동적 양식을 보여주는 역동적인 과정으로 정의한다. 기업의 관점에서의 정의는 '발생 가능성은 낮으나 발생할 경우 파급력이 매우 큰 리스크에 유연하게 대응(Adapt)하고 더 나아가 위기를 비지니스 기회로 전환(Prosper)할 수 있는 기업의 능력'(동아 비즈니스 리뷰)이다. 앞으로 만날 모든 위기를 미리 알 수만 있다면 얼마나 좋겠는가. 대비라는 것을 할 수 있으니 말이다. 나는 위기를 기회로 만들기 위해 다음 업무들을 재정비하고 있다. 비대면결제서비스 확충, 강사계약서 재정립, 천재지변시 급여 조건, 재택근무 시 업무 범위, 교육비 환불과 보충 범위, 온·오프 수업 매뉴얼, 선생님의 화상수업 역량 강화 등이다. 스마트폰 결제 플랫폼이 활성화 되고 있어 카드를 주고받으며 결제하는 일도 역사 속으로 사라질 듯하다. 변화를 즐기는 사람도 있지만 기존 방식이 편해서 그걸 고수하려는 사람도 있다. 스마트폰으로 결제

하려면 앱을 직접 깔아야 하는데 그 과정이 성가셔서 그냥 카드를 아이편에 보내고 싶어하는 분도 있다. 학부모, 강사, 학생에게 코로나로 인해 시스템이 바뀔 수 밖에 없음을 이해시키고 적응할 수 있게 도와주는 것도 고려해야 한다.

코로나가 우려보다 일찍 종식이 되어 대면수업이 활발해 진다고 해도 온라인 수업에 대한 경쟁력은 반드시 갖추어야 한다. 예전처럼 밀착관리 방식으로 돌아가기는 어렵기 때문에 선생님 역할을 대신해줄 다양한 프로그램을 준비해야 한다. 마스크를 벗고 입모양을 보여 주며 발음 지도를 할 수는 없지 않은가? 옆에 앉혀 놓고 일일이 학생 책에 적어 주며 장시간 설명하기도 부담스러운 상황이다. 영역별, 개인별, 학생의 목표에 따라 프로그램을 준비할 수 있는 콘텐츠 개발 역량도 회복탄력성과 함께 위기를 기회를 만들 수 있는 필수 요건이다.

코로나 사태가 가장 심각했던 3월에 《타이탄의 도구들》을 읽었다. "두려움을 내려놓을 수 있는 또 다른 방법은 두려움을 '리허설' 해 보는 것이다. 분기에 한 번씩 정기적으로 최악의 시나리오를 자신에게 조금씩 주입시키는 것이다."라는 구절이 있었다. 이것의 효과는 실제로 힘든 상황을 겪었을 때 의연하게 대처할 수 있다는 것이다. 내가 경험했고 책을 통해 다시 확인했다. 신종플루 이후, 11년이 지나 코로나 사태를 맞이하고 있는 지금, 나는 허둥대지 않는다. 학습 효과를 보고 있는 셈이다. 큰 값의 성장 비용을 치른 만큼 나는 위기 상황에 대비해서 콘텐츠 개발 역량을 키웠다. 최악의 시나리오를 그리며 분기마다 내 재정상태(보험사, 은행 저축, 신용등급관리 등)를 점검해 온 것, 온라인 수업에 대한 관심을 놓치지 않았던 것, 이 두 가지는 그 당시보다 몇 배의 위기 상황이 왔지만 큰 버팀목이 되어 주고 있다. 비록 아픈 경험이라도 쓸모없는 것은 없다.

06

나는 뼛속까지 학원인이다

내 부족함을 채워 주는 최고의 스승은 학생

잔소리를 한다. 불호령을 내린다. 어라! 산만한 모습이 누구 초등학교 때랑 똑 닮았네! 초등학교 6년 내내 가정통신문에 쓰여 있던 말은 '산만하다.' 였다.

학생들 행동 중 마음에 안 드는 것이 내 어릴 적 모습일 때가 많다. 얌전히 앉아 시키는 대로 하면 좋으련만 한시도 가만히 있지 못한다. 정리 정돈은 어떻고. 숙제도 잘 안 챙겨 오고, 청개구리에 고집은 또 얼마나 센지 모른다. 나와 닮은 학생들을 바라보는 눈길 속에 묘한 감정이 뒤섞인다. 호되게 야단 쳤지만 속으로 빙긋 웃기도 하며 어떻게든 바꿔 보려 기를 쓰기도 한다. "이 녀석들, 네가 이기나 내가 이기나 보자! 그 버릇 안 고치면 평생 고생해!"

그렇다. 내가 못 고친 게 한이 돼서 학생들을 잡는다. 내 약점을 숨바꼭질하듯 머리카락도 안 보이게 숨기고 싶어도 어린 고객들 덕분에 매일 마주한다. ADHD 학생들이 해마다 늘고 있다. 좋은 말로 말해 창의력이 풍부하고 개성 있다 말하지만 주의가 산만하고 튀는 행동과 생각으로 그룹에 적응하지 못한다. 이 아이들을 보고 나도 어쩌면 초등학교 때 ADHD였을 수도 있겠구나 라는 생각이 들었다. 산만함이 사춘기에 환경이 급격하게 바뀌면서 줄어들었을 거라 짐작해 본다.

선생님 힘들게 해도 미워할 수 없는 녀석들. 내 마음의 키가 한 뼘씩 자라고 부족함을 메우려 노력하는 것은 너희들 덕분이야. 고맙다, 내 학생들아!

컴퓨터 바탕화면에 왜 만들었는지 모를 파일로 그득하다. 학원의 내 방엔 분류하지 못한 서류더미들이 누가 누가 높이 올라가는지 시합을 한다. 매일 수백 장씩 쏟아지는 테스트지, 분석지, 각종 양식들이 감당이 안 되는 것도 있겠지만 정리정돈 습관이 수우미양가 중 '가'인 것은 어제오늘 일이 아니다. 그나마 집은 미니멀 라이프로 전환하며 정리정돈 못하는 걸 감추었다. 짐이 하도 없어서 집에 사람이 안 사는 줄 안다. 집안일에 관한 건 제대로 하는 것이 없다.

중고등학교 때 '가정과 가사'라는 과목이 있었는데 필기시험도 제일 쉬웠고 실기도 간단한 바느질 과제라 점수받기 좋았다. 친구들은 이 점수가 제일 높았지만 나는 '양'을 넘지 못했다. 친구들은 의아해했다. "너는 가사를 어떻게 '양'을 받아?"

작년 가을에 MBTI 검사를 했는데 천성은 ESTP(외향 감각형), 후천 성향은 ENTJ(외향 사고형)였다. ESTP 대표 약점이 정리정돈에 약하고 바깥 활동에 치중하느라 집안일에 소홀하다는 것인데 그냥 참고로만 하기엔 정곡을 쿡 찔렸다. 학창 시절 가사 과목 "양" 받은 것과도 관련이 있지 싶다. 정리정돈 못하는 습관을 들키면 둘러대기도 한다(그러면 안 되는데). 학생들이 내 방에 들어오면 쌓여 있는 서류더미를 보고 눈이 휘둥그레진다. 나는 내가 정리를 못해서 저렇게 쌓여 있다고 말하지 않는다. (그럼 그래야지!)

(의기양양하게) "내가 이렇게 너희들을 위해 일을 많이 해. 저거 다 일일이 검사할 거야."

(학생들 놀람과 걱정의 눈빛으로) "선생님 너무 무리하시 마세요."

(결연한 의지로) "아냐, 이 정도는 할 수 있어! 오늘도 밤샐 거야! 걱정 안 해도 돼!"

내 귀여운 학생들에게 거짓말쟁이 선생님은 되고 싶지 않다. 그래서 내 단점을 고치려 노력한다. 별것 아닌 학원의 평범한 일상의 한 조각이다. 그냥 의미 없이 흘러가서 기억조차 못 할 나날들이 내 학생들과 함께여서 보석보다 빛나는 것이다. 그들을 야단치는 건 나이지만, 나를 성장시켜 주는 것은 다름 아닌 학생들이다.

20년을 지나오니 이 말이 가장 위로가 되었다

You can't just jump to the end. The journey is the best part.

미국 드라마 "How I met your mother."에 나오는 대사이다. 가장 좋아하는 영어 문장이다. 오직 돈이 목적이었다면 난 10년 전에 그만두었다. 배우고 나누고 같이 성장해 나가는 과정 자체가 즐거웠다. 어떤 역경도 이길 수 있을 만큼 그러했다. 그 여정이 돈보다 값지기 때문에 지금까지 왔다.

그만두고 싶을 때도 있었다. 그때마다 생각했다. 중학교 때부터 꿈꾸었던 일을, 내가 아끼고 좋아하는 일을, 거친 사람들을 만났다고, 천재지변을 만났다고 그만두는 게 맞는 것일까? 내 꿈인데 왜 타인에 의해 좌지우지되어야 하지? 자문자답해 보니 답이 나왔다. 스무 해를 지나는 동안, 몸과 마음에 깊이 파인 흔적들이 생겼다. 20대의 내가 40대의 나에게 토닥토닥한다. 20대의 목표였던 강남대로에 고층 빌딩은 세우지 못했다. "그래서 인생 실패했냐구?" 아니! 더 값진 나와 내 학원을 일으켜 세웠다.

몹쓸 기억들, 삭제하고 싶었다. 원래 일어나지 않은 것처럼. 일단 휴지통에 넣어 두었다. 완전히 삭제하려는 순간, 손가락이 떨렸다. 그걸 지우면 그 안에 알알이 박혀 있는 소중한 사람들과의 행복한 추억마저 사라질텐데... 자리를 자주 비워도 '그럴 만한 사정이 있으실 거예요. 왠만해선 그럴 분이 아니시니까요.' 라며 믿고 기다려 주셨던 학부모님들. 자기의 이익 앞에 매몰차게 돌아 서는 사람들 속에서도 함께 해 주셨던 선생님들, 오늘 야단맞아도 내일 아무 일 없었다는 듯 싱글벙글 들어오는 해맑은 학생들. 그렇다. 힘든 순간보다 행복했던 순간이 많았다. 가려져 있어 몰랐을 뿐. 나는 아무것도 지우지 않으려 한다. 내 지난 경험이 다른 이들에게 도움이 될 수 있다면.

내가 지나온 과정에 보잘 것 없는 순간은 없었다. 모든 순간이 베스트였다.

사업과 인생은 망망대해를 항해하는 배와 같다

끝없는 바닷길을 가다 보면 거친 파도와 풍랑을 만나 지쳐 그만두고 싶을 때가 있다. 포기할 때 즈음엔 잔잔한 파도와 따스한 햇볕이 모습을 드러내며 휴식과 위로를 준다. 다시 기운을 내어 닻을 올리는 순간, 어두운 바다 저 멀리서 등대가 내 빛을 따라 오라 길을 안내한다. 출중한 영어 실력, 거창한 스펙, 건강, 든든한 배경 하나 없다. 오로지 영어, 사업, 사람에 대한 열정과 깡다구 하나로 현장에서 몸으로 부딪히며 학원 운영을 해 왔다.

'망망대해를 항해하는 배의 키를 잡고 있는 선장' 일하면서 늘 떠올려지는 이미지이다. 우리 학생들이 거센 풍랑과 암초를 만나더라도 영어 목적지까지 잘 헤쳐 나갈 수 있게 도와주고 싶다. 강한 물살에도 중심과 방향을 단단히 잡아 주고 이끌어 줄 선장이 되려 한다. 20대 첫 항해를 하던 선장은 바다 경험이 없었다. 암초에 거친 파도에 갑작스러운 기상이변에 또 해적까지! 무방비 상태로 얻어맞았다. 퍽! 퍽!

40대 산전수전 겪은 선장은 이제 안다. 저기 암초가 있으니 돌아가! 하늘을 보니 곧 폭우가 오겠어. 튼튼한 돛을 준비해! 술주정뱅이 승객은 물에 빠뜨려! 푸웅~덩!

내 배의 승객인 학부모님, 강사님, 원장님, 학생들과 목적지까지 빠르고 안전하게 힘든 과정도 즐기며 함께 항해해 나갈 것이다. 이 것이 내 사명이다.

"20년간의 학원 운영 경험을 나누어 학원인들과 함께
공감과 위로를 주고받을 수 있는 소통의 장이고 싶다"

　　　　　책을 읽을 때마다 에필로그는 편안하게 읽었다. 글 짓
는 입장이 되고 보니 바위가 어깨를 누르는 듯하다. 한 줄씩 쓰고 나
면 자꾸 딴짓이 하고 싶어 졌다. 부담감이 슬며시 눌러 왔다. 마지막
인데 잘 써야지, 어떤 내용이 독자들에게 가장 도움이 될까. 내가 남
기고 싶은 핵심 메시지는 도대체 무엇인가. 수없이 고민하느라 노트
북의 Delete 키는 쉴 새 없이 일해야 했다. 항상 내가 쓸 책에 대해
꿈꿔 왔다. 학원의 일상을 담은 일기장 같은 글도, 클릭 한 번으로
쉽게 접할 수 있는 단순 노하우도 아닌, 그 안에 내 학생들과 함께
한 인생과 학원 경영의 철학을 담고 싶었다. 그러다 내 인생의 핵심
가치 세 개가 떠올랐다. 지난 20년 간 내 삶 자체가 학원 경영이었으
니 이 핵심 가치에 20년의 노하우가 다 담겨 있는 셈이다.

'배움'은 내가 꼽은 학원 경영의 제1순위 장점이자 노하우이다. 학원의 본질 즉 존재 이유를 생각해 보면 선두에 있을 수 밖에 없다. 학부모님들께 문자를 보낼 때 내가 배우고 있는 것이 무엇이고 학원에 어떻게 접목할 것인지를 전해 드렸다.

"제가 이번 달에 영어독서 지도사 자격증을 땄습니다. 우리 학생들 원서 읽기를 더 체계적으로 시키고 싶었습니다. 지금의 원서 레벨 10단계를 다음 달부터 15단계로 더 세분화하고 영역을 확대시키겠습니다."

선생님들과 나는 토익 시험을 일 년에 한두 차례 정기적으로 보았다. 처음엔 나 혼자 보러 가다가 선생님들께 제의했다. 그러다 '이왕 가는 거 학생들도?'라는 생각으로 500점 이상 나올 법한 학생들을 데리고 갔다. 토익이 무엇인지도 모른 채 시험 마치면 피자 먹는다는 말에 들떠 학생들은 기꺼이 따라나섰다. 원장, 강사, 학생이 함께 배움을 객관적으로 점검하는 시간을 갖은 후 맛난 음식을 나누는 것은 우리 학원의 문화로 자리 잡았다. 학부모님들, 특히 우수한 학생들의 어머님들께 열렬하고 지속적인 신뢰를 얻었다. 10년 전, 15년 전에 인연을 맺었던 분들께서 지금까지도 학생들을 소개해 주고 계신다. 학원의 본질에 충실하면 순간순간 어려운 시기는 있을지언정

쉽사리 무너지지 않는다.

'균형'이 무너지면 항상 문제가 생긴다. 한창 성장기에 과속 페달을 밟았더니 타이어 하나가 펑크 났다. 하나 없어도 달릴 만했다. 멈추지 않고 그냥 갔다. 하나가 또 빠졌다. 균형을 잃어 한쪽으로 기우뚱했다. 안 되겠구나 싶어 그때서야 브레이크를 갑자기 밟았다. 동시에 쾅! 부딪치며 차가 파손되었다. 카센터에서 자동차는 한 번도 거르지 않고 정기 점검받으면서 학원과 나는 구석구석 점검하지 않았다. 학원 규모가 커질수록 사람, 업무, 건강에 대한 균형 맞추기가 중요해진다. 20대부터 30대 중반 무렵까지 내 눈은 앞만 볼 줄 알았다. 잠깐 멈추고 뒤돌아보면 뒤쳐질까 두려워 목표를 향해 내달리기만 했다. 일과 삶의 균형을 잃어버렸다. 균형 조절의 실패로 많은 것을 얻으려다 오히려 더 잃었다. 정기적으로 숨 고르는 시간을 가지고 불균형의 요소를 찾자. 지퍼를 올리다가 왼쪽 오른쪽 균형이 안 맞아 더 이상 못 올렸던 경험이 있을 것이다. 그 막혔던 지점에서 아무리 올리려 해도 더 위로 올리지 못했다. 그럴 때 어떻게 했나? 다시 맨 아래로 내려가 처음부터 균형을 맞춘 후에야 시원스레 올렸다.

'공감'을 거부하니 사람으로 태어나 로봇처럼 살아가게 되더라.

아무도 믿지 못했던 시기가 있었다. 억울한 일을 자꾸만 겪었다. 대인기피증을 앓았다. 상처받지 않기 위해 선택한 것은 '사람과의 물리적 정신적 거리두기.' 특히 학부형과 강사와의 거리는 선을 긋고 넘어가지도 넘어오지도 못 하게 했다. 업무적으로 해야 할 것은 빈틈없이 했지만 그 외는 말과 행동 모두 아꼈다. 학원 경영의 장점으로 모든 연령대 사람들과 소통할 수 있는 것이라 했던 내가 그들과의 공감과 소통을 거부했다. 거리를 두니 스트레스가 줄었다. 만족했다. '그래, 역시 이러는 게 맞았어.'

하지만 그 혼자만의 편안함 속에 더 큰 것을 놓치고 있었다. 오랜 편안함과 변화 없음은 정체기를 의미했고 그것은 곧 쇠퇴로 이어 진다. 학원만큼 지속적인 인간관계로 똘똘 뭉친 사업은 없다. 물과 전기가 흘러야 본기능을 할 수 있듯 학원 역시 공감이 끊임없이 흘러야 한다. 사람으로 받은 상처는 다른 사람과의 공감을 통해 치유될 수 있다. 고립이 아니라.

요즘 AI가 화두이다. 현재 직업의 80프로 이상이 없어질 것이라 한다. 하지만 인간이 가지고 있는 희로애락의 공감능력은 갖기 어렵다. 미래 학원 경영에 있어서 그 가치가 점점 높아지는 것이 바로 이 '공감' 역량이다. 학원 경영의 본질인 '배움'을 통해 뿌리를 튼튼히 하고, 열매를 맺는 성장기에는 무엇보다 '균형' 맞추기에 힘쓰며,

'공감' 능력으로 미래를 대비한다면 좋아하는 일을 하며 사는 행복을 누릴 수 있을 것이다.

학원 운영의 길 20년을 지나왔다. 20대의 나는 세상 무서울 것 없는 막무가내 정신과 체력으로 들이댔다. 30대의 나는 성공의 단맛, 실패의 쓴맛 그리고 건강의 슬픈맛을 보았다. 40대의 나는 내 경험을 무기로 통찰력을 장착하고 무한한 체력 대신 나의 강점을 살려 미래의 학원 운영 20년을 준비할 것이다.

책을 통해 내 학생들을 세상 밖으로 나오게 해 주고 싶었다. 학원인 끼리 서로의 고민을 나누느라 밤을 지새워도 뾰족한 해결책은 나오지 않는다. 조언을 해 줄 수 있지만 결정은 본인이 해야 한다는 것은 불변의 진리다. 하지만 힘듦을 터놓고 함께 경험을 주고받다 보면 막혔던 마음이 뚫린다. 아픈 마음이 아물고 다시 웃으며 힘을 얻는다. 보다 많은 분들과 이런 공감과 치유의 경험을 나누고 싶었다.

책은, 글쓰기를 즐기는 내게 가장 값진 선물이자, 과거를 재정비해서 미래를 그려보는 인생설계도이다.

책은, 내 학생들을 세상에 드러내어 큰 꿈과 목표를 가질 수 있게 해 주는 드림 커넥터이다.

책은, 20년간의 학원 운영 경험을 나누어 학원인들과 함께 공감과 위로를 주고받을 수 있는 소통의 장이다.

글 쓰는 학원인, 김민선

"사업의 변덕스러움과
무서움을 맛보고 나서야
사업을 비로소 지배할 수 있게 되었다."
– 대한민국 학원인, 김민선–